AMAR
E SER LIVRE É POSSÍVEL

Como viver o amor sem deixar
de ser você mesmo

MARCOS LACERDA

Psicólogo e youtuber do canal Nós da Questão

AMAR
E SER LIVRE É POSSÍVEL

Como viver o amor sem deixar
de ser você mesmo

© 2022 Marcos Lacerda
© 2022 VR Editora S.A.

Latitude é o selo de aperfeiçoamento pessoal da VR Editora

DIREÇÃO EDITORIAL Marco Garcia
CONCEPÇÃO DE PROJETO E EDIÇÃO Marcia Alves
PREPARAÇÃO Frank de Oliveira
REVISÃO Juliana Bormio de Sousa
PROJETO GRÁFICO DE MIOLO E CAPA Pamella Destefi

Dados Internacionais de Catalogação na Publicação (CIP)
(Câmara Brasileira do Livro, SP, Brasil)

Lacerda, Marcos
Amar e ser livre é possível: como viver o amor sem deixar de ser você mesmo / Marcos Lacerda. – 1. ed. – Cotia, SP: Latitude, 2022.

ISBN 978-65-89275-29-9

1. Autoajuda 2. Autoconhecimento 3. Comportamento 4. Desenvolvimento pessoal 5. Psicologia I. Título.

22-122058   CDD-158.1

Índices para catálogo sistemático:
1. Desenvolvimento pessoal: Autoajuda: Psicologia 158.1
Eliete Marques da Silva – Bibliotecária – CRB-8/9380

Todos os direitos desta edição reservados à
VR EDITORA S.A.
Via das Magnólias, 327 – Sala 01 | Jardim Colibri
CEP 06713-270 | Cotia | SP
Tel.| Fax: (+55 11) 4702-9148
vreditoras.com.br | editoras@vreditoras.com.br

*Ao amigo Professor Waldo Lima do Valle.
Com ternura e crescente saudade, mas feliz pelo seu encontro com a libertação que há tempos sonhava.*

apresentação
O FIM JUSTIFICA UM NOVO COMEÇO

ESTE LIVRO COMEÇA PELO FIM.

Explico: na verdade, estamos no fim da gravação de mais um vídeo que vai ao ar em breve.

— Podemos continuar?

Quem chama é o editor do meu canal no YouTube, o Nós da Questão. Melhor eu me concentrar e acabar logo a gravação.

"...Entenda que você não precisa estar na mesma vibe *de todo mundo e procure uma forma de ser você mesmo e sentir a vida da maneira que você consegue. A sua saúde mental agradece. Pense nisso! Tchau e até a próxima!"*

— E... Corta! Finalmente acabamos! Minha cabeça vai dar um nó!

Lembro que, quando o editor falou isso, rimos daquela sentença inesperada. Afinal, eu também estava cansado, depois de um dia inteiro de gravações, antes do recesso de fim de ano.

Só para matar um pouquinho sua curiosidade, os vídeos do Nós da Questão são gravados nos finais de semana para não entrarem em conflito com a agenda de atendimentos no consultório. E acredite: é o momento mais divertido após horas de planejamento e estudos sobre o que será gravado.

O lugar onde gravamos os vídeos do canal tem tudo de que preciso: organização, funcionalidade e alguma beleza para incentivar meu espírito de fazer graça, às vezes falando sobre temas tão sofridos para algumas pessoas. Há quem acredite que o processo criativo venha como uma mensagem sobrenatural de iluminação... Mas a verdade é que é uma atividade que envolve suor, disciplina e, volta e meia, uma sensação de que sempre se pode melhorar a cada trabalho realizado. Porém, viver não tem rascunho, e nessa peça fazemos o melhor que conseguimos reunindo informação, tecnologia e alguns litros de café para espantar o cansaço.

Talvez você pense assim também, mas sempre achei curioso muita gente imaginar psicólogos como seres inabaláveis e que resolvem os próprios problemas com um estalar de dedos.

Para, bebê! Para, porque quando escrevi *Amar-se: uma viagem em busca de si mesmo*, a crise sanitária mundial por conta da Covid-19 havia começado, e quem podia estava trancado em casa. Você não imagina como foi um tempo duro, em que trabalhei para sobreviver à pandemia de ansiedades, expectativas e luto coletivo. Teve momentos entre atendimentos *on-line* com janelas para diferentes pontos do mundo em que eu só pensava no nosso futuro. Não só no coletivo, mas no desabrochar de uma situação em que a felicidade, que já parecia urgente, havia se tornado o Santo Graal que todos buscavam mundo afora.

Quase dois anos se passaram e eu volto a encontrar você, em mais um livro. E desta vez lhe escrevo em meio a um mundo que está tentando voltar ao normal, em que novas variantes do vírus surgem, desafiando a ciência – e a paciência de todos nós, não é?

Mas se começamos por aqui, em meio a minha última sequência do ano de gravações de vídeos para o Nós da Questão, é porque sempre senti meu canal no YouTube como uma caravela, tipo aquelas usadas pelos portugueses durante a Era dos Descobrimentos, navegando em meio a um *tsunami* de conteúdo na internet e, desta vez, quero que você se sinta parte da tripulação. Ninguém à deriva. Cada vídeo, cada livro, cada *live*, sempre foram para mim formas de navegarmos juntos, cruzando continentes virtuais e desatando os nós de marinheiro no dia a dia de cada uma das pessoas que me acompanha. Todos nós, unidos, buscando manter a saúde mental, em dias de brisa ou de tormenta.

Em meu universo na casca de noz, trabalho com profissionais com quem estreito laços de amizade. Fazia muito tempo que não nos reuníamos no estúdio, mas, estando todos vacinados, achamos que já era possível voltar ao compromisso presencial, porque assim a gente conseguiria multiplicar a empatia e os afetos.

— Vamos lá, equipe, sei que estamos todos cansados, mas a gente precisa discutir o planejamento do próximo ano.

Ah, novamente meu editor nos chamando para a realidade. Não o imagine como um chato, leitor. Ele é gente boa! Só tem o pulso meio firme. E, como todos da equipe sabem disso, tratei de abrir a reunião de pauta, contando sobre um levantamento que eu havia feito:

— Recentemente, fiz uma análise dos comentários dos vídeos mais assistidos e daqueles em que os seguidores afirmam terem lido meus livros. E o que me chama a atenção é que, se, por um lado, boa parte das pessoas tem conseguido aprender bastante sobre relacionamento amoroso e autoestima, por outro, percebo que existe certa confusão quando o assunto é egoísmo. Separei alguns comentários e vou citá-los para vocês entenderem do que estou falando:

> Eu queria que você falasse um pouco sobre o egoísmo. Hoje eu vejo nas redes muitos conselhos que me parecem ser egoístas ou tornam as pessoas mais egoístas principalmente em relacionamentos românticos e nas amizades. Seria possível?
>
> **Vanessa**

Com a chegada da internet e nela uma enxurrada de "conselhos", vêm se formando pessoas do tipo: "primeiro tem que me dar tudo pra depois ver se são merecedores de receber algo meu", é nesse processo que atitudes de egoísmo vêm se destacando!

William

Demorei um tempo para compreender racionalmente o porquê de que quanto maior a dependência, maior o egoísmo. Eu ficava me perguntando: Como assim? Não está coerente esse raciocínio. Mas, que bom que hoje consigo entender com clareza que quanto mais queremos dos outros, é porque menos queremos dar de nós, ou seja, mais queremos apenas receber, receber e receber, ou seja, mais egoístas somos. Certa vez na vida, fui julgada como autossuficiente. Mas a pessoa que me julgou via isso como plenamente negativo.

Rafaella

Eu não consigo ser livre, e ter uma vida alegre, por causa do grau de ciúmes que existe em mim. Se estou em um relacionamento, tenho a sensação de que o outro é meu. Sei que isso é egoísmo e queria ser diferente para não sentir essa dor no meu coração...

Túlio

Enquanto o pessoal mergulhava em uma tempestade de ideias, conjecturas e anotações sobre o que haviam acabado de escutar, desliguei-me um pouco da reunião e me refugiei em meus pensamentos. Depois de ler em voz alta aqueles comentários de seguidores do meu canal, percebi que, ao falar de egoísmo sob pontos de vista bem diferentes, eles estavam igualmente se questionando sobre amor e liberdade. É possível viver uma relação amorosa e ser livre? Ou a liberdade na relação com quem eu amo sempre implicará egoísmo?

O fato é que, quando a liberdade cruza com o amor, muitas vezes o resultado é um pouco confuso. Afinal, aprendemos que amar é se "prender" a alguém. Ou o contrário: o outro que se prenda a mim, que seja uma "exclusividade" minha. Será que essa visão de posse e prisão acaba tendo como consequência as brigas, as mentiras, os jogos de esconde-esconde que podem culminar numa separação?

É curioso observar que nas declarações mais românticas ou nos votos de casamento sempre acaba aparecendo essa ideia de que, ao nos unirmos a alguém que amamos, viramos "uma só carne". Você até pode achar isso muito bonito na teoria, mas quem já passou por relacionamentos sabe que nessa história de "somos um só" há muitos casais oprimidos por viverem negociando a liberdade individual sob condições que resultam em um "e viveram infelizes para sempre". Porque nessa lógica do "nós nos pertencemos" entram o ciúme, a ansiedade, o medo da perda, a dependência afetiva, a obsessão pelo controle do comportamento do outro... E a sensação de insegurança explode quando se tem a certeza de que esse "controle sobre o outro" só existe mesmo na sua imaginação.

Tem uma frase, de que gosto bastante, de um monge chamado Thich Nhat Hanh:

> *Você deve amar de forma que a pessoa que você ama se sinta livre.*

Dizendo de outra maneira, o amor precisa ser o desejo de se unir a alguém, compreendendo essa pessoa como um ser livre. Ou seja, pensar o amor é nos questionarmos sobre a relação que estabelecemos com a liberdade do outro, nos perguntando o que exigimos da pessoa amada e o que fazemos com quem amamos.

Hum... deu um nó na sua cabeça? Provavelmente. Porque quando unimos as palavras amor e liberdade, o que muita gente imagina é aquele modelo *hippie* dos anos 1970, em que rapazes e moças se amavam sem restrição e a ideia de posse ou exclusividade era quase uma heresia.

Para, bebê! Não é disso que estou falando. Mesmo que a reflexão possa assustar os corações mais sensíveis, o fato é que, para muitas pessoas, não é fácil sentir-se livre estando em um relacionamento amoroso. Para alguns, isso parece tão impossível que, a pretexto de não abrirem mão dessa tal "liberdade", optam por permanecerem solteiros.

E esse medo não é novo. Uma das personagens da conhecida obra Dom Quixote, escrita no século XVII, é Marcela. Ela decide ser livre, vivendo como pastora e não se relacionando com nenhum homem nos moldes que a sociedade lhe impunha. Mas... seria a solidão o único caminho para a liberdade?

Se Marcela fosse minha paciente, eu lhe diria que é possível sair da caverna e ver o mundo além das sombras e sobras do medo. Ou seja, é, sim, possível amar e ser livre. Não essa liberdade proposta pela contracultura do "paz e amor", da ausência de regras ou fronteiras, mas uma liberdade que faz você firmar seu senso de identidade, permitindo que se sinta autêntico, que respeite suas verdades mais profundas e viva seu mundo emocional de modo a ser quem realmente você é.

É hora de olhar para o compromisso amoroso de uma nova forma e, para começar esse processo, responda a si mesmo: qual é o oposto do amor? Se você pensou em ódio, raiva, indiferença ou algo do gênero, você seguiu uma linha de raciocínio plausível, mas parcial. Para Jung, um psiquiatra suíço que foi discípulo de Freud, o contrário do amor é... o poder! E essa me parece ser a resposta mais completa.

Eu explico. Quando você se apodera do outro ou tenta controlá-lo, acaba tirando dessa pessoa a possibilidade de ser quem realmente ela é. E, como eu já escrevi em *Amar, desamar, amar de novo*, no item 3 Harmonização, para um relacionamento ser duradouro é preciso existir espaço dentro da relação para que ambos sejam e vivam as próprias verdades. Ou seja: quanto mais poder se busca ter sobre uma pessoa, menos amor vai existir nessa relação.

Abandonando meus devaneios, volto à sala de reuniões. Muitas outras colocações foram feitas, prazos acertados, projetos definidos. No fim da reunião, todos saíram. Sobre a mesa, um documento, uma última pendência que caberia a mim decidir: assinar ou não com a editora o contrato para escrever este novo livro. Sim, leitor, você fez parte dessa decisão e por isso lhe conto como tudo aconteceu.

Foi então que um poster com o mapa do metrô de Paris, na parede a minha frente, chamou minha atenção. É uma lembrança de um tempo importante em minha vida e que mandei emoldurar para ter sempre por perto. O contrato por assinar, o mapa do metrô com centenas de pontos coloridos, e eu pensando nesse curioso paradoxo: amor e liberdade. Quanta gente se perde no emaranhado de linhas e plataformas que a vida nos coloca, indo de estação em estação na tentativa de amar sem perder a liberdade. Sendo livre e perdendo o amor. Amando e vivendo escravizado.

A liberdade é tão importante que em nossa sociedade a punição máxima para quem comete algum crime ou delito é o encarceramento. Por isso, a liberdade no amor é um tesouro que precisa crescer, e não desaparecer quando amamos ou somos amados. Olhando para o pequeno *x* ao lado do meu nome, no contrato enviado pela editora, coloco minha assinatura porque percebo que, depois dos meus dois livros – *Amar, desamar, amar de novo* e *Amar-se: uma viagem em busca de si mesmo* –, eu e você ainda temos algumas coisas importantes para serem colocadas na mesa.

Afinal, o meu desejo é que, quando chegar à última página deste livro, você tenha a oportunidade de começar pelo fim. Pelo fim das ideias que tem sobre amor e liberdade. Pelo fim da sensação de sufocamento que muitas vezes uma concepção errada de relação pode impor. Pelo fim do medo de se envolver e de ter a certeza de que é possível amar sem ficar com a sensação de que precisa pagar um alto preço por isso.

Você tem em suas mãos, a partir de agora, uma série de reflexões e pontos de vista sobre amar e ser livre, para impedir que sua sede por liberdade transforme seus relacionamentos em um "cada um por si". Orientações que vão levá-lo a compreender que amar não é ter direitos sobre quem você ama, tampouco achar normal que o outro se aproprie de você.

Só fique atento a um fato: estarei aqui para orientá-lo, porém seu caminho de descoberta será desenhado por você mesmo. Ou seja, para cada leitor, há um jeito diferente de encontrar a liberdade perdida. Porque quem tenta se adequar a parâmetros torna-se ainda mais preso. Ou seja, nunca siga sugestões ou reflexões, nem minhas, nem de ninguém, sem acrescentar ou tirar as coisas que não cabem nas suas vivências ou valores. Em outras palavras, quem roboticamente cumpre etapas nunca chega a bons resultados. Quer amar, estar em um relacionamento e ser livre? Então, vamos juntos!

capítulo 1
A LIBERDADE REQUER...

...UM MERGULHO EM SI MESMO

"LIBERDADE É FAZER O QUE EU QUERO, COMO QUERO, na hora que bem entendo e sem dar satisfação a quem quer que seja. Afinal, eu sou dono da minha vida."

Talvez seja algo parecido com isso que vem à sua cabeça ao imaginar sua melhor definição de liberdade. Mas, na verdade, penso que essa ideia se aproxima mais do conceito de irresponsabilidade! Afinal, vivemos em sociedade e, por isso, seja lá qual for a direção que você desejar seguir na vida, sempre haverá regras e outras pessoas com as quais estabelecerá acordos e compromissos. Assim, independentemente da escolha que formos fazer, é impossível escapar da ideia de que estaremos enquadrados em algum contexto de vida.

Por isso, parece-me mais correto dizer que uma pessoa verdadeiramente livre é aquela que conquista o direito de escolher em qual jaula quer estar presa. Afinal, a jaula sempre existirá, e isso não é um problema – desde que tenha sido você a escolhê-la. A questão é quando você se percebe vivendo em jaulas que os outros escolheram, e não naquelas em que você se sentiria mais confortável ou seguro.

Por exemplo, se você escolheu estar em um relacionamento amoroso, há, sim, muitas renúncias que teve de se obrigar a fazer. Mesmo assim, você se sente bem, porque a escolha de estar nessa relação é sua! E se engana quem pensa que é mais livre porque escolheu viver o "eu sou de todo mundo e todo mundo é meu também"; afinal, se por um lado você ganha, por outro, é igualmente obrigado a renunciar a uma série de benefícios que uma vida em casal proporciona. Ou seja, se ambas as escolhas são legítimas e libertadoras, as duas acabam sendo igualmente limitantes. Portanto, leitor, comece entendendo que, para ser livre, além de ser capaz de escolher suas jaulas, é preciso descobrir como você pode ser feliz com as escolhas que faz. E mais: quais escolhas quer realmente fazer.

E é aí que está o nó da questão. Afinal, como ter a certeza de que você vive onde e da forma que escolheu, ou se sua situação atual é meramente resultado dos desejos, sonhos ou projetos que sua família, a sociedade ou o mundo lhe ditaram?

Calma, bebê! Você não precisa responder a isso de uma forma tão instantânea, porque sei que existem diferentes aspectos da sua vida a serem considerados. Mas quero ajudá-lo a encontrar essa resposta e, para isso, é necessário que você mergulhe no centro de si mesmo a fim de olhar e compreender com cuidado suas verdades e sentimentos. Sei que, à primeira vista, a ideia de mergulhar em si mesmo pode parecer algo vago, mas aqui comigo posso lhe garantir que será uma experiência concreta e interessante.

Se você chegou até aqui, é porque está cansado do cativeiro que os amores sempre lhe impuseram e decidiu se aventurar na busca pela liberdade. E quem tem como meta ser livre precisa se permitir experimentar o acontecimento de mergulhar em si mesmo. Tenha confiança, pois, apesar do estranhamento que tudo isso causa, esse mergulho é um susto sem perigos.

Talvez você esteja pensando: "Ah, você está falando em mergulhar em mim mesmo, em me conhecer melhor, mas a liberdade que eu quero tem muito a ver com o amor que eu vivo (ou quero viver) com outra pessoa. Não adianta nada eu ficar só olhando para dentro de mim se o que muitas vezes tira minha liberdade é a relação com a pessoa que eu amo e que está fora, que está do meu lado. O que eu quero é amar e ser livre no meu relacionamento. E o que o ato de mergulhar em mim tem a ver com isso?"

Para, bebê! Pare e exercite a paciência, porque a liberdade...

...REQUER QUE VOCÊ APRENDA A OUVIR SEU CORAÇÃO

Primeiro, não avance as páginas do livro procurando uma fórmula pronta, porque essas fórmulas não funcionam, já que não somos máquinas para que alguém possa nos reprogramar apertando botões. Somos seres humanos, diferentes, com vivências nada iguais, e por isso cada um precisa construir as próprias transformações. E isso é um processo.

Segundo, entenda esse rápido mergulho em si mesmo como a fundação de uma casa. Perder a liberdade em um relacionamento fala de dependência afetiva, ciúme, insegurança, inveja, desejo de controle, exclusividade sexual e por aí vai. E sobre tudo isso conversaremos mais adiante. Por ora, eu preciso que você comece a compreender que todas essas questões que acabei de citar nascem da relação que você tem consigo mesmo. Algumas pessoas dirão: "Ah, mas é o outro que tem um ciúme doentio e me aprisiona". O caso é que essa frase esconde um erro, e, se a reescrevermos da forma correta, ela ficará assim: "Ah, mas é o outro que tem um ciúme doentio e, não sei por que, EU DEIXO que ele me aprisione".

Compreendeu a diferença, bebê? Quando não mergulhamos em nós mesmos, quando não sabemos do nosso autocuidado, da nossa forma de perceber a realidade, tendemos a responsabilizar as pessoas pelo poder que permitimos que elas tenham sobre nossa existência. Por isso, é necessário estreitar um pouco a relação com você mesmo, para que, ao se misturar com quem ama, você reconheça sua essência e não se perca dela. Até porque, se o outro for a fonte do seu aprisionamento e da sua libertação, você sempre viverá uma falsa liberdade. Lembra-se do que falei sobre as jaulas? Quem escolhe as suas tem de ser você e, para tanto, você precisa saber um pouco de si mesmo, de modo que tenha certeza de que vive onde e da forma que escolheu.

Mas como saber se você está verdadeiramente seguindo seu coração ou apenas se submetendo a desejos, sonhos e projetos que lhe foram impostos? Para compreender as armadilhas que às vezes, sem que você perceba, fazem com que você se perca e o afastam das verdades do seu coração, vamos escutar o que me escreveu Helena, uma mulher de 30 anos, que compartilhou suas aflições comigo por *e-mail*.

Olá, Marcos!

Vivo um casamento que só me destrói e honestamente não sei como posso resolver isso. Às vezes penso que ainda sinto alguma coisa pelo meu marido, às vezes tenho certeza de que não mais... Ele não se importa com o que sinto ou penso, só sabe exigir as coisas e me culpa de tudo. Vive me chamando de carente, porque eu gostaria de ter mais atenção e carinho, e eu estou cansada disso, por isso me silenciei e passei a ignorar as atitudes dele.

Acha que só o que interessa é que ele trabalha e paga as contas de casa. O resto do tempo é para o lazer dele, lazer que eu nunca sou incluída. E ainda tem a capacidade de dizer que se eu quiser que ele faça algo por mim sou eu que tenho que fazer primeiro, sendo que eu sempre fiz tudo por esse homem, mas um dia a gente cansa né? Então parei de ser besta e comecei a agir que nem ele.

Não penso que estou sendo intolerante me comportando assim, apenas acho que já suportei coisas demais dele... já chorei, me humilhei e implorei amor. Em troca recebi ironia e deboche... Não consigo mais ser carinhosa, dar atenção nem pedir nada... Se eu me tornei uma mulher fria não foi por culpa minha, mas por estar sofrendo muito.

De tanto ele rir das minhas queixas, dos meus pedidos de atenção, de tanto ele sempre ter razão em tudo e querer decidir até como eu deveria cortar o meu cabelo, meus sentimentos foram morrendo aos poucos. Mas ele não entende isso... Não percebe a gravidade dos próprios atos e hoje acha que só falar que vai mudar faz ficar tudo bem... Mas não fica porque ele nunca muda.

O que mais me dói talvez seja ver que, antes do casamento, eu era uma mulher livre. Hoje não tenho liberdade para fazer nada do que gosto, nem mesmo sair com as colegas de trabalho. Mas quando eu aponto os erros dele, ele além de não querer nem ouvir, ainda distorce o que estou dizendo e acaba dando um jeito de parecer ter razão.

Por que eu não saio de vez desse casamento? Será que

> você poderia me dizer alguma coisa que me ajudasse a resolver essa situação?"

Na narrativa de Helena, vemos que o casamento com esse homem não seria um problema se ela não estivesse divorciada de si mesma. Está bem claro que esse homem não a trata bem, e, pelo que ela escreve, parece que estamos muito longe disso. Mas se Helena estivesse mais conectada com ela mesma, encontraria a força de que precisa para seguir seu coração e suas necessidades. E viver infeliz, por mais ganhos secundários que isso possa trazer, não é uma necessidade humana.

Ser fiel ao próprio coração não é uma tarefa fácil. Desde criança, aprendemos com nossos pais ou responsáveis a diferenciar o certo do errado. E crescemos achando que tudo o que temos dentro da gente são verdades absolutas. O problema é que, conforme os anos passam, muitas vezes nos esquecemos de um detalhe: nem sempre o que é certo e bom para nossa família é também o melhor para nós. E ao renunciar aos nossos valores pessoais em prol do que nos é ensinado também corremos o risco de nos afastar de nossa identidade e de nossa essência.

Para saber se você realmente se mantém fiel a si mesmo, é preciso aprender a escutar mais sua intuição, a não ter medo de tomar decisões e a compartilhar seus sentimentos de forma transparente, porém construtiva (ou seja, nada do tal "sincericídio" – essa "licença para ser rude" que serve apenas para destilar ódio disfarçado de opinião). Manter-se fiel a si mesmo é, em última análise, assumir a responsabilidade da sua felicidade e da sua liberdade, algo que Helena, distanciada de si mesma, ainda não percebeu.

Também parece difícil para essa moça ter a consciência de que não precisa se anular para se encaixar nas expectativas do homem que ama. Ou simplesmente se permitir mudar de ideia. Até porque na vida, nossos sentimentos e aprendizados mudam o tempo todo e, quando somos fiéis ao nosso coração, tomamos consciência de que somos nós, por meio das nossas atitudes, que temos de transformar nossa realidade. Por outro lado, quando ignoramos o que fala nosso coração, perdemos a confiança em nós mesmos e, mais que presas fáceis do encarceramento que qualquer outro nos imponha, nós nos tornamos cúmplices desse processo de aprisionamento.

No pedido de ajuda que Helena me faz, dá para perceber que, em vez de refletir sobre si mesma e se perguntar por que admite viver certas situações, ela olha permanentemente para fora, para o comportamento "cruel" do outro. Nesse sentido, em vez de mergulhar em si mesma buscando a chave que abriria sua cela, ela se distancia cada vez mais de sua essência e responsabiliza o outro por sua prisão: "Se eu me tornei uma mulher fria não foi por culpa minha, mas por estar sofrendo muito".

Não duvido do sofrimento dessa mulher, mas o que preciso que você compreenda, leitor, é que não existe liberdade individual sem autoconhecimento. Porque só quando respeitamos nossa história é que percebemos os acontecimentos da vida com uma autoconsciência maior, enxergando a existência de uma maneira mais livre. Ou isso acontece ou acabamos criando, ou sendo coautores, de quatro perigosas armadilhas que nos escravizam e que destroem qualquer relacionamento amoroso. Se você observar, essas quatro armadilhas estão presentes no relato de Helena.

ARMADILHA 1
Tentar moldar o jeito ou o comportamento do outro

Isso normalmente acontece com frases banais que no começo até podem parecer bem-intencionadas, mas que acabam colocando em perigo a relação a dois. Coisas do tipo:

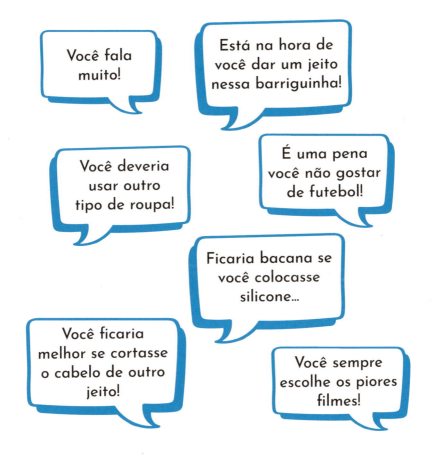

...e por aí vai.

Veja que, nesses casos, a pessoa começa sutilmente a dizer ao outro como ele deveria ser, o que deveria desejar ou do que deveria gostar. Por mais bem-intencionado que você esteja, ou até por mais razão que tenha na observação que está fazendo, você está passando uma mensagem inconsciente que é: sua liberdade me pertence.

> *"Ah! Quer dizer que eu não posso me queixar de nada numa relação?"*

Na verdade, se disser respeito a você ou à relação de vocês, você pode sim. Mas se disser respeito à individualidade do outro, não. Sobre essas coisas, você não pode fazer críticas. Porque nesse caso estará ferindo não apenas a liberdade do outro, mas igualmente a imagem que o outro tem dele mesmo, e esse direito você não possui. Até porque o outro não tem nenhuma obrigação de gostar da roupa, do tipo de cabelo, do esporte ou dos filmes de que você gosta. Também não tem nenhuma obrigação de ter o peso ou o corpo que você imagina como ideal. Nesse caso, talvez valha aquele ditado: "Os incomodados que se mudem!". Ou seja: ou você aprende a gostar do outro como ele é, ou é você que tem de ir embora. Aprisionar alguém ou se colocar na posição de prisioneiro não são opções válidas.

ARMADILHA 2
Sempre ter razão

Desde criança, somos ensinados que, se não tivermos razão em alguma situação, ficaremos numa posição de inferioridade diante do outro. E aí a gente cresce e começa a brigar feio para sempre ter razão ou para sempre estar numa posição de aparente superioridade. Aposto que você conhece muita gente que nunca dá o braço a torcer em nada.

Tem uma história que afirmam ter acontecido com o poeta Ferreira Gullar. Ela ilustra bem o que quero que você entenda. Dizem que, certa vez, Gullar discutiu com a mulher dele, Claudia, e teimou em ter razão, mas percebeu que ia ficar sozinho. Na opinião dele, ele tinha razão e havia ganhado a discussão. Até que ele se deu conta de que, apesar de ter vencido a disputa, não havia recebido prêmio nenhum. Em vez disso, tinha perdido a mulher que amava. Ou seja, sua esposa, de posse da própria liberdade, resolveu não se deixar aprisionar nessa armadilha. Pois bem, quando ele se viu na maior dor de cotovelo, procurou por ela e disse: "Eu não quero ter razão. Eu quero é ser feliz". E acabaram fazendo as pazes.

Por quantas bobagens você briga no seu relacionamento para provar que tem razão e que consegue acuar quem você diz amar? Não duvido que em muitos momentos você tenha mesmo razão. Mas, dependendo da situação, o que custa deixar a razão com o outro? Exercite a generosidade de dar a razão de presente ao outro, porque isso alimentará a liberdade de ambos. Até porque, às vezes, o outro precisa disso mais que você. Mas para fazer isso você vai ter de aprender a domar seu orgulho e sua vaidade. Portanto, ter sempre razão – além de muito aprisionante dentro de qualquer relação – só é reversível se você estiver em profundo contato com seu coração. Então, pense com o poeta: você quer ter razão ou felicidade?

ARMADILHA 3
Discutir falando do outro em vez de falar de você

Se observarmos o *e-mail* de Helena, veremos que o marido, na relação, parece só falar dela. Deixe-me exemplificar para a coisa ficar mais clara. Em uma relação eu posso dizer ao outro: VOCÊ fez isso e aquilo e não deveria ter feito; ou VOCÊ deveria ter feito de tal maneira; ou espero que VOCÊ seja assim ou assado. Nesse momento, eu estou falando de quem? Do outro. Percebe? Aprenda a substituir essa forma por: você fez isso e aquilo, e quando você faz assim, EU me sinto triste, EU me sinto magoado, EU me sinto com raiva, ou EU perco a vontade de estar perto de você. Nesse momento, você está falando de você e não mais do outro.

Isso pode parecer algo bobo, mas não é. Porque, se eu apontar o dedo para os erros do outro, o outro vai se sentir atacado e vai revidar atacando também. E logo surgirá uma grande discussão em que ninguém mais conseguirá se ouvir, e isso só serve para desgastar o relacionamento e transformá-lo em uma prisão. Ao passo que, se eu falar de mim e de como eu me sinto diante das ações do outro, aumentam muito as chances de que eu seja ouvido e a nossa relação se fortaleça, dando aos dois a sensação de liberdade.

ARMADILHA 4
Não perceber a criança que existe no outro

É preciso que você entenda que ao seu lado não está apenas um adulto, mas está também a criança que esse adulto foi um dia, com um monte de carências, abandonos, revoltas e complexos. Já prestou atenção que numa relação muitas vezes tolhemos a liberdade do outro com frases do tipo:

- "Não precisa se magoar com essa bobagem"
- "Nossa, mas você se queixa de coisas tão simples"
- "Você às vezes até parece uma criança"

Você já deve ter dito, ouvido alguém dizer ou pensado em frases assim, não é mesmo? O caso é que às vezes coisas que você diz ao outro, ou um gesto seu, ou um comportamento corriqueiro que você tenha, podem reabrir uma ferida ou uma situação mal resolvida da infância do outro. Feridas e inseguranças infantis que todos nós temos, em maior ou menor grau. Portanto, desconsiderar a criança do outro é, numa certa medida, impedi-lo de ser quem de fato é, o que afeta diretamente a possibilidade de se perceber livre.

Então, muitas vezes, quando a gente não compreende certas reações meio infantis do outro, o melhor é, em vez de se irritar e brigar, simplesmente compreender que aquilo não é algo pessoal com você, mas que faz parte da história de vida de quem está ao seu lado. Na verdade, são questões em que muitas vezes nem o outro percebe muito bem o que está se passando, mas ele é quem terá de se resolver sozinho. Repito, se a coisa for muito desproporcional e lhe parecer que o outro está sendo infantil, provavelmente é a criança dele quem está falando e não o adulto. Coisas do tipo (e sempre ditas com muita mágoa ou raiva):

Quando a coisa chegar nesse nível, brigar só será desgastante e aprisionador. Então, saia de cena e deixe que a criança que veio à tona se resolva livremente. Quando o adulto conseguir voltar, aí sim vocês poderão conversar e avaliar o que se passou. Mas não sufoque a criança que existe no outro, porque uma igualzinha também mora em você.

Em resumo, além de dar amor ao outro, você precisa evitar as armadilhas que roubam a liberdade desse outro. Porque o que vai impedir que uma relação se desgaste e fazer com que vocês se mantenham unidos não é sexo ou dinheiro, mas a qualidade da relação que vocês têm e quanto de respiro de liberdade ela proporciona.

• • •

Para que você exercite esse mergulho pessoal, é hora de avaliar como andam alguns aspectos da sua capacidade de ser livre ao lado de outra pessoa. Para tanto, eu lhe proponho responder a algumas perguntas. Se puder, faça uma leitura em voz alta. Escute-as, observe o que sente ao escutar cada questionamento e, com o máximo de honestidade, tente respondê-las por escrito aqui:

Quanto da sua vida você passa se dedicando apenas aos outros?

Quanto do que há de melhor em você é investido no seu bem-estar?

Quem define suas escolhas de vida? Você, a pessoa amada, os parentes, seus filhos ou seu trabalho?

Em uma relação amorosa, você consegue ter seus momentos pessoais – com amigos, por exemplo – ou se sente culpado?

Os papéis que você vive e as escolhas que faz são fruto do que você sente ou daquilo que lhe ensinaram que era o certo sentir?

Se pudesse, apagaria fatos do seu passado para não desagradar a quem você ama?

O que você acredita que precisa fazer para ser uma pessoa realmente livre e feliz?

Espero que as perguntas acima tenham sido provocadoras o suficiente para fazer você se dar conta de que algumas coisas precisam de ajustes na sua vida. E uma boa forma de começar esses ajustes é saber que a liberdade...

...REQUER A PRÁTICA DO AUTOCUIDADO

Tenha em mente que você deve cuidar das suas necessidades emocionais básicas primeiro, a fim de se tornar alguém seguro o suficiente para receber as novas ideias sobre o amor e a liberdade que vão fazer parte de você daqui para a frente. Quanto mais você tomar atitudes que possam contribuir para o autocuidado, mais equipado estará para viver sua vida de forma plena.

Adotar práticas de autocuidado pode parecer difícil. Penso que cuidar do corpo é muito mais fácil que da mente, porque muitas vezes evitamos enfrentar nossos sentimentos, medos e emoções, por serem muito desconfortáveis e até intimidantes. Por isso, é mais "fácil" tentar varrer para nosso inconsciente coisas que sentimos, mas que nossa consciência acha inapropriado sentir.

E é exatamente por ser mais complicado cuidar do nosso interior que é fundamental preservarmos em nós mesmos quatro atitudes que funcionam como pilares básicos do autocuidado. Será que você tem nutrido essas atitudes em você?

ATITUDE #1
Permita-se se ocupar de você mesmo

Às vezes você se sente num redemoinho de onde consegue ver apenas uma montanha de solicitações vindas de todos os lados? Chefes, colegas, cônjuge, amigos, filhos... na sua vida é sempre assim? Você vive tentando dar conta das demandas que a vida lhe cobra todos os dias, tanto que acaba se esquecendo de se ocupar de si mesmo? Pois é, nos ensinaram que devemos cuidar dos outros, mas esqueceram de dizer que também precisamos de um tempo para cuidar de nós mesmos. E, afogados nas necessidades dos outros, chega um ponto em que nos sentimos vazios, como se algo estivesse faltando. Quando você entende o quanto é necessário se ocupar de si mesmo, para de olhar tanto para fora e começa a entender que as respostas que busca para sua vida estão dentro de você e não nas coisas ou pessoas que o rodeiam.

Pense comigo: quando você quer que alguém de quem gosta esteja bem, qual é a primeira coisa que faz? Tenta identificar a necessidade dessa pessoa, e faz seu melhor para dar o que ela precisa? Se já faz isso com os outros, deve fazer o mesmo com você.

Então, para obter a felicidade que tanto deseja, você precisa identificar suas necessidades, porque, quando você consegue efetivamente saber o que é melhor para a sua vida, encontra propósito para cuidar de si mesmo.

Não dê ouvidos ao mundo de crenças que habitam sua cabeça, e que vão insistir em lhe dizer que olhar para o seu bem-estar é um ato de egoísmo. Não, não é! Pensar assim faz parte de um conjunto de crenças limitantes que só o impedem de cuidar de si mesmo. Você pode se tornar responsável pela sua felicidade, sem que se torne o monstro egoísta que acha que poderia ser. Pense que, quanto mais você se conhecer e se respeitar, mais estará disponível para os outros, sem precisar ver em ninguém uma tábua de salvação. Se cada um cuidasse mais de si mesmo, teríamos uma sociedade com pessoas mais esclarecidas, interessadas num bem maior e prontas para contribuir melhor para a felicidade dos outros. E isso é o contrário de egoísmo.

ATITUDE #2
Passe a se questionar mais

Nosso movimento natural de aceitar as coisas tal como elas são muitas vezes nos desvia de um hábito que é extremamente necessário para nossa saúde mental: o autoquestionamento. Para amar e ser livre, você deve cultivar o hábito de fazer perguntas profundas e abrangentes a si mesmo, assim como também buscar essas respostas dentro de você, de forma clara e honesta.

Você pode começar com perguntas simples e gerais, do tipo: "Como estou me sentindo hoje e por que me sinto assim?", "O que preciso fazer hoje para meu dia ser melhor?", ou, ainda, "O que preciso colocar como prioridade na minha vida?".

Tenha sempre à mão um bloco de notas, ou algum aplicativo no seu celular, para que, quando lhe surgirem autorreflexões você, possa anotá-las imediatamente. Muitas vezes, nossa cabeça "deixa pra lá" ou trata como algo banal questões sobre as quais realmente valeria a pena pensar a respeito. Daí a importância das anotações, porque, ao ler seus pensamentos, você descobre o valor que aquilo pode ter em sua vida. Portanto, transforme a atitude de conversar consigo mesmo em um hábito e não em algo a ser feito somente de vez em quando. Se fizer isso regularmente, vai ficar cada vez mais fácil realizar o exercício de mergulhar profundamente em si mesmo, até conseguir desenvolver uma compreensão mais exata das suas necessidades.

ATITUDE #3
Tenha compaixão e perdoe suas culpas

Você não precisa ser duro consigo mesmo e viver apontando o dedo para suas culpas. A partir do momento em que aprende a reconhecer que faz sempre seu melhor, mesmo que esse melhor não pareça o suficiente, você começa a trilhar o caminho para fazer as pazes com sua maneira de existir no mundo.

Faz parte de viver de forma livre reconhecer que podemos cometer erros, dizer coisas das quais nos arrependemos, não conseguir fazer coisas que saíram do previsto. A construção da nossa jornada como seres humanos está longe de ser linear. E está tudo bem se você errar. Pois desde bebê é assim, você sempre errou para conseguir avançar. Por que isso mudaria depois de adulto?

ATITUDE #4
Não tema a solidão quando você está presente

Entenda que, quanto mais incômodo lhe causarem os momentos em que você precisar estar sozinho, mais você vai ter a clareza de que não se conhece de fato. Inserido neste mundo caótico, onde tudo corre tão rápido, é bem provável que você não esteja percebendo o quanto esquece de dar ouvidos ao seu silêncio.

Sim, os "barulhos do dia a dia" podem impedi-lo de se concentrar no que você realmente quer. E por isso muita gente passa a vida girando em círculos, dia a dia, sem avançar na busca pela liberdade.

Quando se incomoda com o silêncio de estar consigo mesmo,

você acaba se sentindo cada vez mais ansioso, perturbado e dependente dos outros. E isso é aprisionador. Lembre-se de que você é a única pessoa com a qual vai realmente conviver até o último segundo da sua vida. Então, escolher ter um bom relacionamento consigo mesmo, suportar a própria presença, o vazio que habita em todos nós e se fazer companhia, é um exercício necessário. Além disso, também é fundamental que você entenda que a liberdade...

...REQUER QUE VOCÊ APRENDA A PERCEBER SUA REALIDADE

Para saber o que realmente deseja, você precisa ter em mente quais são seus valores e as coisas em que acredita. Só assim será possível ter certeza de que a maior parte da sua vida é resultado das suas escolhas, e não do que os outros escolherem para você. Isso é uma atitude que só uma pessoa madura é capaz de tomar.

Mas como podemos definir a maturidade psicológica? Em qual momento da vida concluímos nosso desenvolvimento psíquico? O caso, leitor, é que esse momento não existe. Simples assim! Porque dentro de nós as coisas não são tão rígidas, certinhas e estáticas quanto acreditamos. Precisamos nos adaptar o tempo inteiro aos novos ambientes e situações que vão surgindo e, por isso, nossa percepção da realidade vai sempre se modificando de acordo com as necessidades do momento.

Baseado nos estudos de Clare Graves, professor de psicologia na faculdade norte-americana Union College, desenvolveu-se uma forma bem interessante para mostrar como nossa percepção da realidade, nossos valores e nossas emoções mudam: trata-se da espiral dinâmica, que hoje conta com sistemas de valores. Essa espiral é uma boa maneira de entendermos como passamos do estágio da sobrevivência para o da sabedoria, mas igualmente um modo de demonstrar como organizamos nossas prioridades e a forma como reagimos às situações e nos relacionamos com os outros e com a sociedade.

Esses níveis de consciência são identificados por cores. Isso foi pensado dessa forma para reforçar que não existe uma hierarquia e que um nível de consciência não é melhor ou pior que outro, são apenas mais ou menos complexos. Ou seja, dependendo do que vai acontecendo na nossa vida, podemos subir ou descer na espiral dos níveis de consciência, "trocando" de cor, voltando – ainda que apenas momentaneamente – a alguma pela qual já passamos, ou ainda conviver dentro da gente com valores referentes a diferentes cores ao mesmo tempo. Por exemplo, na vida amorosa você pode estar no estágio verde; na profissional, no laranja, nas relações familiares, no amarelo, e assim por diante.

Quando conhece esses níveis de consciência, você consegue perceber por quais cores já passou, o que aprendeu em cada um dos estágios simbolizados por elas, e quais deles ainda precisa alcançar. E isso o ajudará a descobrir quem é você e quais são suas percepções da realidade. Além disso, se você se sentir incomodado com o que for dito sobre cada nível de consciência, pare e se autoanalise. Esses desconfortos normalmente são pistas importantes que o ajudam a perceber em quais áreas precisa se desenvolver. Vejamos, de forma resumida, cada uma dessas cores e o que elas significam.

BEGE
Sobrevivência individual

Quando somos ainda bebês, usamos nossos instintos apenas para sobreviver. Nossa percepção de mundo é norteada somente pelo desafio de nos mantermos vivos, e nosso único propósito é buscar água, alimento e um lugar para nos sentirmos seguros. Uma boa frase para definir essa percepção de realidade é: "Saco vazio não para em pé". Ou, como disse o poeta francês Jean de La Fontaine: "Barriga faminta não tem ouvidos". Nesse nível de consciência, não há espaço para se pensar em qualquer outra coisa senão em satisfazer as necessidades básicas. E não são só os bebês que entram nessa cor: qualquer pessoa que tenha vulnerabilidades extremas – como moradores de rua, idosos com algum tipo de demência ou fragilidade mental, como o mal de Alzheimer etc. – também terá essa percepção da realidade.

Pessoas que estão no nível de consciência bege pensam que, com as necessidades básicas satisfeitas, elas podem viver felizes e relaxadas. São tão centradas em si e em se manterem vivas que quase não estabelecem relações com outras pessoas. É uma das cores mais egocêntricas, pois o foco é apenas nas próprias emoções, nos próprios desejos. Materialistas, as pessoas no estado de consciência bege também podem querer suprir necessidades que conceitualmente não são primárias, como, por exemplo, o sexo compulsivo e o alcoolismo.

ROXO
Comunidade/tribo

As pessoas com esse nível de consciência surgiram a partir do momento em que se deram conta de que poderiam viver em bando, dando suporte umas às outras. Aprenderam que vivendo em grupos dá para dividir as tarefas e valorizar as "relações de sangue". É a percepção de relações familiares, de tribos, de equipes.

O roxo não se preocupa mais apenas consigo mesmo, mas ao mesmo tempo não se importa com o mundo todo – seu foco é direcionado aos entes queridos, às pessoas que lhes são mais próximas ou com as quais têm mais afinidade.

Quem tem a percepção de mundo do tipo roxo tem como traços característicos o ciúme e a possessividade. Apesar de essa pessoa ainda ter como objetivo maior a garantia da própria sobrevivência e o sentimento de egocentrismo muito intenso, ela vai usar a dinâmica do grupo para preencher as necessidades que tiver. Os representantes dessa categoria também adoram ser leais, seguir rituais, rotinas. Eles se mostram obedientes às regras e são fiéis a juramentos e princípios do grupo a que pertencem.

VERMELHO
Força/coragem/autoafirmação

Para os indivíduos que vivem nesse nível de consciência, é vital ser forte, respeitado e reconhecido dentro do grupo. Vermelhos muitas vezes carecem de empatia e pouco se importam com as consequências de suas ações. Vivem no imediatismo e querem satisfazer suas necessidades e desejos imediatamente. É a máxima do "cada um por si" ou "só os fortes sobrevivem". São mais agressivos, agem mais por impulso, são amantes do prazer e gostam de se sentir heróis. Evitam a vergonha (não sabem lidar com ela), gostam de se mostrar poderosos, são individualistas e egoístas. Desejam atenção, exigem respeito e amam ditar as regras.

AZUL
Ordem/organização

No nível de consciência azul, surge a busca pelo propósito e significado da vida. E aí o sujeito começa a buscar verdades superiores, como se existisse algo que vai além de uma liderança humana, que o supera, mas que dá sentido à sua vida. Pode ser uma religião, uma filosofia, uma causa ou mesmo uma crença política. Dentro dessa percepção de realidade, o indivíduo azul obedece às regras estabelecidas por essa "entidade" superior, e está pronto para fazer tudo o que for possível para atender a essa superioridade, na esperança de uma recompensa futura.

Com uma visão focada mais no futuro e menos no presente, os azuis concentram seus esforços no hoje, mas para viverem melhor no amanhã. Como características principais têm disciplina e respeito pelas tradições, além de serem metódicos. Os bens materiais ficam em segundo plano. Ao mesmo tempo, destacam-se comportamentos de bondade, compaixão, simplicidade, o comprometimento e a responsabilização pelas suas emoções, pensamentos e ações. São amantes da organização e da estabilidade e controlam a impulsividade. Absolutistas, reforçam princípios do que é considerado uma "vida correta" e se sentem culpados quando, por algum motivo, saem dos métodos ou tradições.

Aqui podem se encaixar as pessoas que seguem algum tipo de religião ou organizações baseadas na disciplina como forças armadas, associações de filantropia ou mesmo empresas que tenham procedimentos mais rígidos.

LARANJA
Liberdade individual/sucesso material

Os laranjas não rejeitam o aspecto material das coisas, mas isso é uma preocupação que fica em segundo plano. O principal é ter sucesso individual, fazer a diferença, deixar sua marca no mundo. Eles querem aproveitar a vida ao máximo, mesmo que isso resulte em uma perda de espiritualidade e em uma redução nas relações interpessoais e familiares. São, acima de tudo, indivíduos autônomos e empreendedores, que gostam de descobrir, aprender e progredir. Essas pessoas buscam sua satisfação pessoal, estão interessadas em novidades, desafios, sucesso e inovações tecnológicas.

E é nessa busca pelo novo que eles têm uma paixão muito grande pela ciência, pela razão e pela tecnologia. Os laranjas também cultivam outros valores como a fama e o sucesso, além de serem bastante competitivos.

VERDE
Harmonia/ redes interpessoais

Os verdes chegam com uma reação contra o individualismo e a perda de sentido oferecido pela percepção laranja da realidade. Nesse nível de consciência, eles colocam a qualidade do relacionamento e a expressão das emoções no centro de sua vida e, por isso, buscam simultaneamente sua satisfação pessoal e a do grupo.

Com uma visão mais global, o verde tem uma percepção de mundo não só com relação aos seres humanos, mas num sentido mais amplo, considerando os animais, as plantas, a terra e o funcionamento dos ecossistemas. Para os verdes, todos têm o mesmo grau de importância. O movimento vegano, por exemplo, é um forte exemplo da atuação das pessoas com um nível de consciência verde, assim como a busca pelos movimentos de diversidade e igualdade.

Uma ideia que está sempre presente na cabeça dos verdes é a admiração por justiça e igualdade para todos, no mais amplo sentido. Também é marcante o pensamento comunitário, igualitário e consensual, quando todos têm voz e podem contribuir. Em vez da competição, entra o compartilhamento e geralmente quem se situa no nível verde prefere tomar decisões por consenso.

AMARELO
Sistema/funcionalidade

Os amarelos têm um nível de consciência mais ligado à espiritualidade. Pensam muito na valorização do outro tal qual ele se percebe, porque adoram a liberdade individual de ser e de pensar como quiser (desde que não faça mal a outras pessoas nem demonstre excesso de interesses). Os amarelos compartilham conhecimento para valorizar os outros como uma forma de percebê-los no mundo. Interativos e criativos, são mais flexíveis. Eles têm a visão de mundo deles, mas isso não significa que ela precisa ser imposta aos outros, porque os amarelos pensam que essa visão é só uma entre tantas outras que podem existir.

Essas pessoas são caracterizadas por terem uma autonomia muito marcante, além da capacidade de mudar de rumo sempre que for necessário. Elas procuram soluções para os problemas, e, se elas não funcionam, mudam sem se prender ao presente.

TURQUESA
Visão igualitária

Na verdade, essa percepção de mundo ainda é raramente encontrada. Talvez a gente ainda possa contá-la nos dedos. São pessoas que têm uma peculiar visão sobre o mundo e muita sabedoria, como Gandhi, por exemplo, ou como Mestre Yoda, do *Star Wars* (se ele existisse, claro). É como se fosse o próximo passo da evolução do pensamento e da percepção humana.

Os indivíduos turquesa têm consciência de que o mundo é muito mais complexo do que se acredita, e que por isso é preciso passar por uma transformação coletiva. Os turquesas também retornam à espiritualidade, e são preenchidos de muito amor e conhecimento da vida e do universo. É uma percepção de mundo que, ao mesmo tempo que aceita a existência dos outros níveis de consciência, os coloca numa grande aldeia global, em que tudo funciona de forma holística.

• • •

Agora que você aprendeu sobre tudo isso, é hora de entendermos quem é você na fila do pão, ou dentro dessa espiral. Afinal, a ideia aqui é que você descubra como é sua forma de perceber a realidade, já que a maioria das coisas nas quais acreditamos e que sentimos estão diretamente ligadas aos nossos pontos de vista.

Para tanto, vou lhe propor o seguinte exercício. Abaixo, você verá oito caixas contendo diferentes ideias. Leia calmamente cada uma delas e assinale as frases com as quais concorda ou se identifica. Nas páginas seguintes, você encontrará um guia com o significado do conteúdo de cada uma dessas caixas, que com certeza vão ajudá-lo a se compreender melhor. Mas nada de ir espiar o gabarito antes de dar suas respostas, hein?! Segure sua curiosidade. Até porque aqui não há certo ou errado. A finalidade é que você mergulhe um pouco mais em si mesmo e se conheça cada vez melhor. Vamos lá?

CAIXA A

- Não me importaria de gastar mais para comprar algo que eu sei que vai me diferenciar dos outros.

- Na "hora H", quero fazer de tudo para que o outro pense que eu tenho o melhor desempenho.

- Penso que, se eu tivesse mais dinheiro, teria mais amigos.

- Mais que apenas gostar de desafios, quando entro no jogo só vale a pena se eu for o melhor!

- Eu me sinto bem quando chego a algum lugar e sou o foco do olhar dos outros.

CAIXA B

- A divisão de tarefas de forma igualitária dentro de casa é algo muito importante para mim.

- Se me pedem um favor, eu busco fazer como se fosse para mim mesmo.

- Não entendo o porquê de as pessoas se apegarem tanto a bens materiais.

- Eu me relacionaria sem problemas com alguém de uma classe social mais baixa que a minha.

- Acredito que o mundo será melhor quando as pessoas tiverem a oportunidade de serem melhores.

CAIXA C

- Vivo querendo saber o que as pessoas estão pensando sobre mim ou sobre meu relacionamento.

- Faço questão de manter as tradições da minha família, e tenho orgulho disso.

- Tenho dificuldades em me comunicar com uma pessoa que pensa muito diferente de mim ou em conviver com ela.

- Sou uma pessoa que gosta de ter as coisas extremamente organizadas.

- Sinto que me preocupo muito com o que os outros pensam a meu respeito.

CAIXA D

- Sinto amor e compaixão pelos outros, com muita facilidade.

- Gosto de escutar o silêncio.

- Coisas como meditação, ioga etc. despertam meu interesse.

- Sei dizer "não" quando é necessário; melhor do que dizer "sim" quando não me é possível.

- Eu me considero uma pessoa bastante controlada, e consigo lidar bem com sentimentos negativos, como raiva e frustração.

CAIXA E

- Adoro ouvir as pessoas e não me aborreço se elas pensam diferente de mim.

- Tenho minhas opiniões firmes sobre muitas coisas, mas acredito que elas podem mudar.

- Embora doloroso, sempre encaro o fim de algum relacionamento como um aprendizado.

- As pessoas vivem me dizendo que eu poderia ser um(a) excelente psicólogo(a), porque eu gosto de ouvir e dar conselhos.

- Sou uma pessoa muito curiosa, e adoro aprender coisas novas o tempo todo.

CAIXA F

- Adoro atividades que envolvem muita gente.

- Sou bastante supersticioso(a).

- Não acho que as coisas acontecem por acaso.

- Acredito muito em carma e/ou destino.

- Não gosto de ficar sozinho(a).

CAIXA G

■ Quando acho que o outro está errado, julgo, condeno e ponto final.

■ Em diversas situações, não tenho paciência com os outros.

■ Gosto das coisas "para ontem". Esperar não é comigo.

■ Sou uma pessoa muito ciumenta em relação às pessoas de quem gosto e às coisas que tenho.

■ Sempre dou um jeito das pessoas fazerem as coisas da forma como eu quero.

CAIXA H

■ Se eu não me controlar, como compulsivamente.

■ Tenho medo frequente de perder tudo o que possuo.

■ Gosto de estar na segurança do meu lar.

■ Minha satisfação é minha prioridade.

■ Se eu não durmo tanto quanto gostaria, fico de mal humor.

Conte agora quantas sentenças você assinalou em cada caixa e coloque o somatório ao lado da cor correspondente que forma o gabarito a seguir. A caixa na qual você marcou mais sentenças mostra seu nível de consciência predominante. Saber disso o ajudará a se conhecer melhor e, assim, compreender sua forma de sentir e viver o mundo, e de se relacionar com ele e com as outras pessoas. E, quanto mais nos conhecemos, menos chance existe de que percamos nossa liberdade.

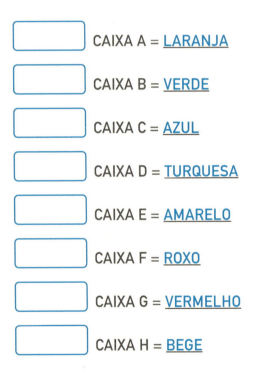

CAIXA A = LARANJA

CAIXA B = VERDE

CAIXA C = AZUL

CAIXA D = TURQUESA

CAIXA E = AMARELO

CAIXA F = ROXO

CAIXA G = VERMELHO

CAIXA H = BEGE

Você notou que eu mudei a ordem das cores que foram apresentadas antes do exercício? Fiz isso não para embaralhar a dinâmica do teste, mas para que você entenda que mais de uma cor (ou grupo de valores) certamente estará presente na sua perspectiva de vida. Então, você pode ter uma cor secundária ou até mesmo uma terceira no seu nível de consciência. Isso é muito comum, sobretudo quando estamos em um momento de transição, assumindo internamente valores mais complexos. Por exemplo, é perfeitamente possível que alguém que está no estágio verde ainda guarde resquícios do laranja. Ou que alguém seja vermelho e já tenha começado a apresentar as primeiras características do azul.

Com essa classificação, o objetivo não é uma competição para ver quem chega mais rápido ao turquesa (afinal, isso seria atitude de alguém que está no nível laranja), mas, como já disse, é interessante, ao saber identificar os diferentes níveis de consciência e valores que coexistem em você, usar esse autoconhecimento a seu favor.

A necessidade de passar para uma cor mais complexa vai aparecer. Não se preocupe e apenas confie na sua capacidade de evoluir. Afinal, a mente de todo mundo muda o tempo todo, mas em velocidades diferentes. E, sim, além do seu potencial de adaptação, boa parte das mudanças que acontecem dentro de você nasce do seu desejo de se transformar.

Pronto. Chegamos até aqui já com conteúdo suficiente para você ter muito em que pensar sobre si mesmo. Aproveite o que aprendeu até agora a seu respeito e comece a refletir sobre as pessoas com as quais convive e sobre como elas (e você mesmo) podem impulsioná-lo ou freá-lo, criando teias de aprisionamentos. O autoconhecimento é a chance que temos de encontrar a felicidade e de nos sabermos livres, pois nos permite sermos donos de nós mesmos.

Tenho certeza de que essa dose inicial de autoconhecimento vai ajudá-lo a ser uma pessoa mais consciente de si, para poder se relacionar com os outros e encontrar o equilíbrio entre o amor e a liberdade.

A partir de agora, quero que você entenda que sua identidade é algo muito especial. E que, ao se relacionar com outras pessoas, você deve cuidar delas como um bem muito precioso. Digo-lhe isso porque muitas pessoas comprometem sua liberdade ao caírem no engano de que amar é perder a identidade. E, às vezes, ela lhes é roubada sem que se deem conta. Então, é hora de virar a página, porque é importante conversarmos sobre isso!

capítulo 2
AMAR NÃO É PERDER SUA IDENTIDADE

AGORA QUE VOCÊ PASSOU PELA ESPIRAL DE CORES E aprendeu a identificar os diferentes níveis de consciência e valores que coexistem em você, sua consciência a respeito de sua própria identidade certamente se ampliou um pouco. Mas tão importante quando aprender a reconhecer sua identidade é cuidar dela e mantê-la. E, admito, é bem difícil preservá-la, porque a todo momento nossa identidade sofre diferentes influências: ideias de outras pessoas, regras de convivência, mudanças no trabalho, a transformação de um papel que altera a forma como nos definíamos (tornar-se pai ou mãe, por exemplo). E por aí vai.

Ou seja, nossa identidade vai se moldando por meio dos papéis que desempenhamos, de atividades, de interações e, claro, partes dela vão se tornando mais evidentes conforme a situação: você atua com sua identidade de um jeito no trabalho, de outro em casa e na roda de amigos... Então, é natural que diante de tudo isso sua identidade sofra modificações ao longo da vida. Você definitivamente não é a mesma pessoa que era dez anos atrás.

Costumo receber com frequência, em meu consultório, casos de pacientes que se queixam dessa sensação de perda da identidade, ligada aos relacionamentos amorosos. Afinal, em uma relação saudável, há de existir reciprocidade e admiração de um pelo senso individual do outro. Uma relação feliz é aquela na qual temos espaço suficiente para podemos ser quem realmente somos.

Por isso, já deixo bem claro logo a partir daqui: transformar sua identidade é diferente de perdê-la ou asfixiá-la. Claro que a experiência de uma relação é um aprendizado diário, e vamos "aperfeiçoando" nossa identidade de acordo com nossas vivências dentro dessa troca que existe com o outro. E se perceber uma pessoa melhor – dando o apoio e o incentivo necessário para que o outro também se torne uma pessoa cada vez melhor – é um dos tesouros que um relacionamento feliz pode proporcionar.

Entretanto, corremos o risco de perder a identidade mesmo nos relacionamentos mais saudáveis, à medida que a gente se acomoda, deixa todas as decisões da relação para o outro, a ponto de nos sentirmos emocionalmente dependentes do outro para tudo. Muitas vezes, as pessoas podem ficar presas, imersas em seus papéis em uma relação que lhes foram impostos pelo outro. E se surpreendem ao descobrirem que perderam de vista seus próprios desejos, sonhos, crenças e projetos. Em relacionamentos abusivos, então, a coisa pode ficar muito pior, porque você é anulado pelo outro com a perda total da sua essência.

Essas consequências ficam mais claras em comentários como os seguintes, que alguns seguidores deixam em meus vídeos no YouTube:

> Estou há 24 horas sem contato com uma pessoa que me relacionei por 2 anos e meio. Passei por cima de traições, de falta de afeto, de falta de respeito, grosserias. Me submeti a tantas coisas que perdi a minha identidade. Não me reconheço mais. Nem sei como fui capaz de fazer isso comigo. Já havia terminado antes, mas sempre

voltava. Dessa vez tive a certeza com provas de mais uma traição e a interferência da minha família para me salvar de mim mesma. Pior de tudo é que carrego um imenso pesar e uma culpa gigante por não ter conseguido manter essa relação, mesmo sabendo que a culpa não foi minha. Espero poder me curar de tantos danos... ontem foi difícil, hoje também e ainda vai doer por algum tempo. Só queria que passasse.

Camila

Eu já casei e foi uma boa experiência, mais para eu me conhecer do que ao outro, não deu certo porque muitas vezes perdi minha individualidade e identidade, fantasiei algo que nunca existiu, mas enfim, acredito no amor. Não penso em casar tão cedo, mas não chego a ter aversão não.

Heloísa

Poxa vida, minha esposa depois de 15 anos, me largou por outra pessoa. Sempre achei que a relação que eu tinha com ela era tudo o que eu precisava, me anulei em todos os aspectos, e fui me mudando para viver a vida dela. Hoje, eu sinto que perdi minha identidade e vivo em uma espécie de limbo, sem saber o que fazer. Choro todos os dias, sinto que minha vida foi uma mentira.

Johnny

Lendo esses exemplos, não precisamos ter a sabedoria de Gandhi nem o nível de consciência do Dalai Lama para percebermos o tamanho do estrago emocional que essa perda de identidade pode causar, resultando muitas vezes em adoecimentos, como crises de ansiedade, depressão, perda de autoconfiança e de autoestima.

Além disso, a perda da identidade pode trazer sentimento de culpa, medo de se envolver novamente, ou aquela sensação de ficar sem rumo, sem objetivo, como se houvesse uma incapacidade até mesmo de tomar sozinho decisões das mais diversas, desde algo grande como um projeto de futuro até as mais simples, como o que se vai comer no almoço.

O problema é que quase nunca a sensação de perda de identidade em um relacionamento é algo perceptível logo de cara. Tudo acontece de forma lenta, sutil e gradual. E, em muitos casos, só é possível reconhecer que houve essa perda depois do rompimento da relação, quando a pessoa tenta andar com as próprias pernas e se sente emocionalmente perdida.

É bem possível que, se souber quais são os sinais mais comuns, você consiga ficar atento e se prevenir de cair em situações desse tipo. Ou que, se já estiver nesse cenário, você consiga confirmar o que está acontecendo dentro de si mesmo, e resolva tomar decisões mais favoráveis para sua felicidade e para sua liberdade. Então, vejamos quais são os sinais de que você pode estar enfrentando dificuldades para manter o senso de identidade (e de si mesmo).

1. Você não tem mais tempo para si mesmo

Muitas vezes, quando uma pessoa começa a perder a essência da própria identidade, o que afeta diretamente seu senso de autoestima, ela passa a se preocupar tanto com o outro que não se dá tempo e espaço para fazer as coisas de que gosta, para cuidar de si mesma ou até para ter momentos para ficar sozinha. E ter esse espaço na relação para se voltar para si é algo muito útil, porque dá à pessoa a capacidade de se reconhecer, de viver seus pensamentos e fantasias sem o julgamento alheio. Sendo honesto com você mesmo, pense por uns minutinhos e responda:

Quais interesses e atividades você tinha antes de entrar nesse relacionamento (ou no último que acabou), e que foram deixados de lado, até caírem na fumaça do esquecimento?

Por causa do seu relacionamento, você perdeu a paixão ou a admiração por coisas que costumava valorizar? Liste que coisas foram essas.

Quais foram as últimas situações em que você dedicou 100% do seu tempo para você mesmo e quando isso aconteceu?

É claro que essas três perguntas não resumem quanto lhe falta de tempo para si mesmo, mas servem como panorama para que você abra pontos de reflexão a esse respeito. E, nessa falta de tempo com você mesmo, inclua o autocuidado, que muitas vezes é a primeira coisa a desaparecer quando uma pessoa começa a se perder dela mesma. Como o próprio nome indica, autocuidado é o conjunto de comportamentos que você precisa ter para melhorar sua qualidade de vida. Por isso, regularmente pergunte-se:

Será que ando sendo indiferente ou descuidado com as necessidades do meu corpo e da minha mente?

Consigo ter tempo para cuidar da minha saúde, higiene e vaidade?

Sei reconhecer quando meu corpo ou minha mente sinalizam que há alguma coisa errada comigo, ou quando estou extrapolando meus limites?

Quando reconheço essas sinalizações, consigo tempo para respeitá-las?

Lembre-se de que só será possível aproveitar o tempo gasto com o outro quando você equilibrar esse tempo com o que gasta com você mesmo. Isso porque quem não tem tempo para si mesmo espera que o outro pague na mesma moeda. E quando isso não acontece (e geralmente não acontece), tanto o doador desmedido quanto a relação entram em crise.

2. Você torceu sua vida para se adaptar aos gostos e à rotina do outro

O lugar onde vocês vão jantar, o destino da próxima viagem, o tipo de roupa que você vai usar... quanto você participa dessas decisões no relacionamento? Pessoas que perdem o senso de identidade podem ter o costume de se mostrarem muito flexíveis em suas preferências e interesses, sempre dependendo das escolhas ou do direcionamento das pessoas com quem estão se envolvendo. Com isso, acabam inconscientemente deixando as decisões de tudo para o outro, como uma forma de agradá-lo. Pergunte-se:

Você busca sempre a aprovação do outro como forma de fazer a relação durar?

Sua rotina se adapta à da pessoa que você ama, ou existe espaço na relação para que as necessidades de ambos sejam negociadas?

Para você, as escolhas do outro são sempre mais certas que as suas?

Você acredita que quem você ama é muito mais inteligente que você?

Se você se identificou positivamente com a maioria das perguntas feitas acima, é hora de repensar como anda sua relação com você mesmo e a liberdade para viver sua essência. E não, eu não sou ingênuo a ponto de achar que ao amar alguém não somos obrigados a fazer concessões. Para, bebê! Não é isso o que estou sugerindo.

É certo que a chegada de qualquer pessoa na nossa vida impõe uma nova rotina que transforma aquela que vivíamos individualmente. A questão é que essa nova rotina não pode ser a adoção do estilo e dinâmica de vida de uma das partes. O encontro amoroso precisa criar uma terceira rotina, a rotina compartilhada. Aquela que não destrói nenhuma das duas identidades. É uma dança difícil de se acertar o passo? Em certa medida, é sim. Mas compreenda que se em um relacionamento não se respeita o ritmo de vida de cada um, isso é uma sentença de morte não apenas para a identidade individual, mas igualmente para o desejo e o amor. Porque você até pode amar e desejar alguém que não lhe pareça fisicamente tão atraente, mas nunca conseguirá amar e desejar alguém por quem não tem respeito. Alguém sem marca própria e que renuncia à própria liberdade e identidade.

3. Você gosta muito mais do outro que de si mesmo

Esse desequilíbrio emocional faz com que você comece a admirar tanto o parceiro, mas tanto, que passa a querer imitá-lo ou se deixar levar pelo que o outro quer fazer ou viver. E com a idealização desse outro se destacando na sua cabeça como um letreiro gigante na torre mais alta da Times Square, não vai demorar até que você se convença de que não tem brilho próprio. E aí você começa a duvidar de si mesmo e de suas habilidades, e se critica muito quando tenta fazer algo sem o outro por perto. Você deteriora sua capacidade de manter sua identidade, se desprezando e achando que não tem valor algum sem a opinião/aprovação do outro.

Você conseguirá perceber bem as consequências da perda da identidade com o relato de Lúcia, cujo *e-mail* foi enviado para o meu canal Nós da Questão, no YouTube:

Olá, Marcos Lacerda!

Casei-me aos 17 anos já grávida do primeiro filho e essa união já dura 35 anos. Mas não me casei pela gravidez, e sim por amar muito esse homem, talvez mais do que amava a mim mesma. Há 14 anos faço uso de antidepressivos e calmantes porque sempre achei que eu era a fonte dos problemas que aconteciam na relação. Porém, hoje percebo que durante todos esses anos fui uma mulher submissa, casada com um marido orgulhoso que roubou minha liberdade e destruiu a pessoa alegre, palhaça e muito animada que sempre fui.

Passei por tanta falta de zelo, de consideração e respeito que cheguei à conclusão de que perdi minha autoestima. Ele sempre se mostrou autoritário, e de tanto ser cruel com as palavras que despejava em mim, o amor que eu sentia, por ele e por mim, foi indo embora e cheguei a perder minha identidade. Deixei de gostar de tudo que gostava e hoje sinto que me perdi pelo caminho.

> Estou muito triste por ter permitido que ele fizesse tudo para tirar as duas coisas que eu colocava em primeiro lugar: meu jeito livre e alegre, e meu amor por mim mesma. Como ele pode arrancar de mim minha alma?
>
> Neste momento estou perdida, quero sair e viver minha vida, pois nunca fui tratada com o respeito que merecia. Sinto uma dor tremenda, mas não por ficar só, e sim por ter me entregado de alma e não ter sido percebida ou acolhida. Até os móveis da casa se eu trocar de lugar e ele não gostar, manda deixar como estava. A última palavra sempre é dele, em tudo.
>
> Sei que errei em deixar chegar neste ponto, mas eu o amava demais e não gostava de conflitos. Por isso fui deixando-o resolver tudo. Não quero continuar a ser tratada com este nível de desrespeito.
>
> Quero minha vida de volta, mas não consigo dar um passo para mudar as coisas.
>
> Ajude-me, por favor!

O *e-mail* de Lúcia não é só doloroso de ser lido, ele é um poderoso alerta para que você, leitor que busca ou está vivendo um amor, acorde para algo fundamental: amar o outro mais que a si mesmo rouba sua liberdade e mina sua autoestima. Se Lúcia tivesse lido meu livro *Amar-se: uma viagem em busca de si mesmo* talvez não tivesse se perdido pelos caminhos dessa relação.

Por isso, usando o relato dessa seguidora como farol, pensemos em como anda sua relação com sua autoestima. É comum a gente escutar pessoas dizendo frases assim: se eu não gostar de mim, quem vai gostar? Eu tenho de ser importante para mim mesmo se eu quiser ser importante para os outros! De fato, embora meio clichê, essas frases guardam uma certa verdade. Mas o problema é que elas descrevem o fato sem responder ao problema de base, que é: como se amar? E o que significa mesmo se amar?

Vamos começar tentando ver se você realmente se ama. Marque sim ou não para cada um dos comportamentos descritos no quadro abaixo. Eu poderia escrever cinquenta diferentes comportamentos, mas me limitarei a apenas dez, porque acredito que seja o suficiente para que você compreenda a lógica da dinâmica que eu gostaria que você assimilasse e não repetisse. Vamos lá?

	SIM	**NÃO**
1. A opinião dos outros é algo muito importante, e você vive constantemente preocupado com o que pensam a seu respeito.		
2. Receber elogios – e acreditar neles – é algo difícil. Por outro lado, você tende a concordar facilmente com as críticas.		
3. Você é capaz de passar dos seus limites e acaba fazendo o que não quer, não pode ou não deveria com medo de desagradar os outros.		
4. Você se cobra muito para nunca errar – e espera o mesmo dos outros.		
5. Você acredita que seria muito mais amado se conseguisse se melhorar em vários aspectos da sua vida (incluindo aspectos físicos).		
6. Você não tem muita paciência consigo mesmo.		
7. Mesmo se a relação não estiver boa, você prefere continuar, porque acha que não vai encontrar ninguém melhor e/ou que queira amar você.		
8. Você foge de fotografias e evita com frequência se olhar no espelho.		
9. Você vive se comparando aos outros, na maioria das vezes tendo a certeza de que eles são melhores que você.		
10. Você se mostra uma pessoa pouco generosa consigo mesma por achar que não merece as coisas que tem ou conquista.		

Claro que o legal seria se você tivesse dito não a todas as dez afirmativas, mas não há uma regra do tipo "se você respondeu sim para duas questões, isso é normal e a partir de três ou quatro seu amor-próprio desanda". Não é isso. O que eu quero é que com essas dez questões você comece a perceber sua capacidade de se amar e sua disposição, ou falta de disposição, para gostar de si mesmo. É a lógica interna do seu modo de funcionar consigo mesmo que eu preciso que você perceba.

E como amar a si mesmo parece sempre algo meio abstrato, vamos pensar utilizando uma imagem. Pense que você é uma árvore. O amor por você mesmo é o tronco dessa árvore. Esse tronco se divide em galhos que são a visão que você tem de si mesmo, esses galhos dão folhas e frutos que são sua autoconfiança, e todo esse conjunto de tronco, galhos, folhas e frutos compõe sua autoestima.

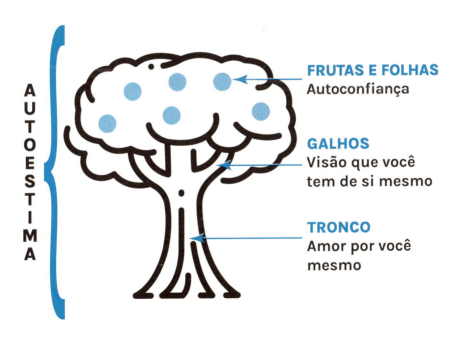

Se o tronco dessa árvore, ou seja, seu amor por você mesmo, for frágil ou estiver com cupim, todo o resto – visão de si mesmo, autoconfiança e autoestima – vai crescer frágil e subnutrido por falta de alimento. Isso explicado, a questão de como se amar e não se perder de si mesmo nem perder sua liberdade nos relacionamentos ainda não foi respondida.

Para tanto, vamos começar deixando claro que se amar não é se autovenerar, nem se transformar numa pessoa docinha e amável. Amar a si próprio significa saber se escutar, ouvir seus sentimentos, necessidades, acertos, falhas e tudo mais o que fizer parte de você sendo ao mesmo tempo paciente, generoso e acolhedor consigo mesmo. Se voltarmos ao *e-mail* de Lúcia, poderemos observar que a falta dessa autoescuta foi algo predominante no relacionamento dela. O que o marido precisava, queria e decidia sempre ficou muito claro e foi rigorosamente respeitado por ela, pois "o amava demais e não gostava de conflitos". Enquanto ela, cada vez mais divorciada de si mesma, foi deixando desaparecer "a pessoa alegre, palhaça e muito animada" até cair doente e precisar de medicação para não explodir de vez com a (de)pressão gerada por tanta tristeza e falta de liberdade para ser ela mesma.

Então, para você, leitor – e para a Lúcia que me escreveu –, vou deixar duas diretrizes importantes que você deve levar para sua vida e aplicar nos seus relacionamentos. Essas diretrizes estão longe de ser uma fórmula mágica para a manutenção da sua autoestima, mas estou seguro de que o ajudarão a começar a gostar mais de si mesmo e a não perder o respeito por quem você é de fato.

DIRETRIZ 1
Aceite-se como você é

Aceitar-se não significa gostar de tudo em você, afinal você tem todo o direito de querer que alguns aspectos seus, como características físicas, comportamentos ou mesmo traços de personalidade sejam diferentes. Acontece que, em certa medida, existe em cada um de nós um núcleo duro que nasce da interseção das coisas de que gostamos em nós com as que não gostamos, e do que podemos mudar mais com o que nos foge completamente ao controle. Esse núcleo não resume você em termos de complexidade humana, mas o constitui de alguma forma e é preciso aprender a respeitá-lo. Em uma imagem, seria mais ou menos assim:

Portanto, quando proponho como diretriz que você se aceite tal como é, isso significa estar em paz com esse núcleo duro, o que só é possível quando paramos de brigar com quem somos. E, ao contrário do que muita gente pensa, isso não significa viver acomodado achando os próprios defeitos legais. Também não é viver resignado como se você fosse vítima de si mesmo. E sim buscar respeitar quem você é sem guerrear com sua alma, sem se castigar nem se destruir. Porque fraquezas, erros e imperfeições, todos teremos até a morte, independentemente de quanto a gente melhore.

Também faz parte desse processo compreender suas imperfeições e se dar meios de progredir como pessoa, mas sempre seguindo seu ritmo e suas possibilidades. É ser capaz de reconhecer seus limites e saber se encorajar quando se der conta deles. Porque é exatamente isso o que a gente faz com uma criança que está aprendendo: a gente não pune, mas sim ensina e estimula. Por que depois que a gente cresce seria diferente? E sabe o que é mais curioso nessa diretriz de se aceitar como se é? É que, quando me aceito como sou, eu finalmente me transformo. Porque a mudança está no reencontro com nossa essência.

DIRETRIZ 2
Busque sempre se conhecer cada vez mais

Muita gente vive sem saber quais são suas necessidades, desejos, dores e limites. Isso porque as pessoas, em sua maior parte, assumem para si o que a sociedade ensinou que é certo ou errado sentir e acabam se perdendo delas mesmas. Quem sou eu? Não o que me ensinaram que eu era ou deveria ser, mas quem sou eu nas minhas verdades? Essa é uma pergunta fundamental na hora de aprender a se amar. Então, exercite observar o que você sente e pensa, e use essa percepção para orientar suas escolhas e ações no mundo. E, sobretudo, para ensinar ao outro quem realmente você é, ainda que isso signifique não corresponder às expectativas alheias. E, sim, em alguns momentos você decepcionará as pessoas que ama, da mesma forma que será decepcionado por elas.

Tudo bem promover decepções ou passar por elas. Porque a decepção ensina a quem a sofre que houve um erro de julgamento. Em geral, esperamos dos outros e ensinamos que esperem de nós coisas ou metas irrealistas que nada têm a ver com quem somos de fato. Ou seja, a decepção indica que há uma lacuna entre as expectativas que nós ou o outro tínhamos e o que realmente éramos capazes de realizar. Portanto, conhecer-se é decepcionar-se e também ser motivo de decepção – entendendo que esse sentimento, em vez de raiva ou frustração, pode simplesmente servir de impulso favorável para meu progresso e minha capacidade de ser quem verdadeiramente sou, deixando o outro igualmente ser quem ele consegue ser.

TRÊS GRANDES EQUÍVOCOS QUE APRISIONAM QUEM SE ARRISCA A AMAR

Além da autoestima comprometida, ou talvez colados a ela, há três grandes equívocos que, quando cometidos por quem ama, tornam-se armadilhas que consomem a liberdade e o autorrespeito. Às vezes, eles são cometidos separadamente, mas não é raro que algumas pessoas repitam os três ao mesmo tempo, o que pode resultar numa perigosa perda de identidade dentro da relação. Que tal entendermos cada um deles? Vamos juntos!

1. O equívoco do bolo da festa

Quem vive esse equívoco costuma ver a relação amorosa como um bolo de festa, daqueles bem gostosos, e acredita que todas as outras coisas da vida são apenas a cobertura desse bolo. Pessoas que pensam assim sentem muita ansiedade quando estão solteiras. Elas acham que precisam encontrar esse bolo, custe o que custar, para que a festa da vida aconteça. O resultado é que vão sempre se fixar na primeira pessoa que lhes abra um sorriso, mesmo que essa pessoa não tenha muito a ver com elas, ou mesmo que todos os amigos e amigas avisem que aquele bolo não presta e que vai dar dor de barriga. Pessoas presas ao equívoco do bolo também tendem a experimentar uma grande instabilidade emocional, porque vivem unicamente em função da relação a dois como se nada mais no mundo existisse. E aí, quando a relação termina, elas vivem esse término como uma grande tragédia e ficam mergulhadas em um mar de tristeza. Nesse equívoco, as pessoas erram porque acreditam que o sentido da vida está no amor de alguém e que só uma relação amorosa pode preencher o vazio afetivo que a pessoa carrega na alma. E não é nada assim, certo?

2. O equívoco da concha

Pessoas que cometem o equívoco da concha vivem fazendo de tudo para evitar contrariar a pessoa amada. Aceitam tudo, fazem coisas que não gostam de fazer, recebem críticas da pessoa amada sem argumentar e até esquecem o próprio desejo: tudo para satisfazer o outro. Ou seja, vivem como conchas, fechadas, e dificilmente são claras sobre o que sentem pelo companheiro ou companheira ou sobre o que querem dele ou dela. Quem vive o equívoco da concha acredita que para ser aceito precisa sempre dar razão ao outro e costuma colocar os próprios pensamentos e necessidades em segundo plano, como se o que o outro sente fosse mais importante. É claro que quem vive desse jeito acaba mais cedo ou mais tarde explodindo de frustração e ressentimentos. E isso cria, óbvio, uma relação amorosa doentia. Para sair da concha, é preciso entender que você só vai conseguir viver uma relação plena e feliz no dia em que aprender a ser uma pessoa clara e aberta quanto aos seus sentimentos, para fazer valer seus desejos, suas emoções e verdades.

3. O equívoco do camaleão

As pessoas que vivem o equívoco do camaleão sempre se modificam ou se transformam, só para se adaptarem ao amor que acabaram de encontrar. E mudam tudo! Modo de vida, atividades, o jeito de se vestir ou até mesmo a forma de se relacionar com as amizades. Em outras palavras, quem comete o equívoco do camaleão tenta sempre assumir a cor da pessoa com a qual está se relacionando. Isso até pode parecer uma boa estratégia para manter a harmonia do casal, mas, se esse tipo de coisa se prolonga, é muito provável que depois de algum tempo você comece a se sentir sem identidade própria. Isso inevitavelmente vai gerar muita insatisfação no relacionamento, porque a pessoa começa a sentir que sumiu, que simplesmente deixou de existir. E, não, definitivamente eu não tenho como amar o outro se eu for uma cópia dele. E, como a gente já conversou no primeiro capítulo, eu preciso ser eu mesmo, com minhas características e diferenças, para que possa ter como trocar coisas com quem amo.

SUPERANDO OS TRÊS GRANDES EQUÍVOCOS

O grande problema desses três equívocos é que normalmente eles são repetidos de um jeito inconsciente, quase como se quem os vive estivesse no "modo automático". Ou seja, do mesmo jeito que um peixe não sabe que está dentro d'água, muitas pessoas vivem mergulhadas nesses equívocos sem nem perceber. Talvez seja hora de você repensar suas relações amorosas e se perguntar se esse não é seu caso. E, se for, faça o seguinte:

- **Se você estiver cometendo o equívoco do bolo da festa**

Inverta a lógica. Pense que o bolo é a sua própria vida e que a relação amorosa é apenas a cobertura para enfeitar esse bolo. E cobertura de bolo sempre dá para trocar, não é mesmo? Às vezes, por coberturas muito mais gostosas, aliás. Em outras palavras, para seu bolo ter gosto de felicidade e bem-estar, a receita é só sua, nunca do outro.

- **Se você estiver cometendo o equívoco da concha ou do camaleão**

Perceba que deixar de expressar o que você sente (seja se fechando como uma concha ou se adaptando como um camaleão) em vez de fazer o outro aceitá-lo ou desejá-lo vai ter o efeito exatamente contrário, fazendo com que o outro nem o admire nem o respeite. Agora me diga: você amaria alguém por quem não tivesse admiração nem respeito? Claro que não, né?! Por isso, saia da concha ou pare de mudar suas cores só para agradar. Se quer que sua vida amorosa realmente funcione sem que você perca sua liberdade ou sua identidade, a solução é: não espere que sua felicidade seja responsabilidade do outro e assuma, sem máscaras nem disfarces, seu verdadeiro jeito de ser. Em outras palavras, seja você e viva sua essência. Garanto que isso, além de fazer toda a diferença, é libertador.

COMO DEVE FICAR SUA IDENTIDADE EM UM RELACIONAMENTO?

Em *O banquete*, Platão escreve que os humanos foram originalmente feitos com duas cabeças, dois rostos e quatro braços e pernas. De forma bem resumida, ele conta que essa versão inicial dos humanos era uma ameaça aos deuses, então Zeus os partiu em dois. Os seres, agora "não inteiros", foram condenados a passar o resto de seus dias procurando por sua outra metade.

Não dá para negar que até hoje permanece, no imaginário humano, a fantasia romântica de que um relacionamento signifique a junção das "metades da laranja", da "tampa que encontra a panela", ou, como cantava o grupo Spice Girls, "*2 Become 1*" (dois se tornam um). E essa ideia parece complicar um pouco a noção de que é possível manter a identidade e a liberdade individual após se iniciar um relacionamento amoroso com alguém.

O caso é que pensar que você nunca mais vai ser a mesma pessoa depois do casamento ou de um relacionamento duradouro é mesmo verdade. Mas avalie que, independentemente de você estabelecer um relacionamento amoroso com alguém, sua identidade sofrerá alterações. Afinal, você é um ser que tem história, que muda pelo simples fato de estar vivo e nunca para de aprender com as novas experiências.

Complicou, não é? Afinal, eu disse que você precisava manter sua identidade em um relacionamento e agora afirmo que, independentemente de haver ou não uma relação, ela se modificará. Como entender essa situação? Será que esse beco tem saída? Tem sim. Sua identidade pode e vai se alterar na vida e em um relacionamento, o que não pode haver é uma desintegração de quem você é em função do outro. Em vez disso, é preciso que haja uma sinergia de identidades entre pessoas que se amam. Ou seja, em um relacionamento sadio, as identidades individuais são respeitadas, mas também se negocia o nascimento de uma terceira identidade, fruto da união de duas pessoas.

Eu explico. Quem já leu *Amar, desamar, amar de novo* viu que no capítulo 2, intitulado "Nossa, a gente parece um só!", eu mostro que, para se ter um vínculo saudável, deve existir três identidades num relacionamento: eu, você e nós. O "nós" não pode se sobressair sobre o "eu" ou o "você", e vice-versa. Ou seja, deve existir um senso claro de "nós", porém mantendo a compreensão de que os dois são indivíduos separados. É dessa forma que o ser mítico descrito por Platão volta a se unir, mas sem se fundir. Porque fusão, nos relacionamentos, rimará sempre com confusão.

Óbvio que quando estamos conhecendo alguém realçamos os pontos em comum e deixamos de lado os aspectos que nos diferenciam. Mas depois de um tempo de convivência e intimidade o esperado é que cada um retome o contato com a própria essência, até que se entenda que sempre haverá uma diferenciação entre ambos, e que a existência da "terceira identidade" permite que os dois mantenham as liberdades individuais, sem que um se perca do outro.

Sabendo disso, ambos podem não compartilhar ou compartilhar menos alguns aspectos de suas vidas que não dizem respeito à terceira identidade "*nós*", sem deixarem de gostar um do outro ou de serem apoio e incentivo mútuo. Em outras palavras, nem tudo meu ou seu cabe no *nós* ou a ele diz respeito. Mas para ser assim é preciso manter um diálogo sempre franco, estabelecer limites claros e uma interdependência confortável, na qual vocês se sentirão prosperando como casal, mas igualmente como indivíduos livres.

EXPECTATIVA X REALIDADE

Quando busca um relacionamento, você está mais interessado em viver a dinâmica da relação ou seu foco é na pessoa com a qual está se relacionando? Parece uma pergunta estranha, mas às vezes é necessário buscar a resposta para ela. Porque na busca pelas identidades no relacionamento, existe um conflito que aparece desde o primeiro momento em que um casal se forma, e que, mesmo com o passar dos anos, vai continuar dando as caras de vez em quando: a fantasia que um projeta sobre o outro *versus* a realidade.

Antes de seguirmos nesse assunto, deixe-me comentar com você uma coisa curiosa: você já parou para pensar por que sente atração por algumas pessoas, enquanto outras você joga direto na *friendzone*, mesmo sem conhecê-las mais a fundo?

Eu lhe explico. Para que uma pessoa se apaixone por você, é preciso, inicialmente, criar afinidade. Porque, mesmo sem perceber, você e todas as pessoas que conhece têm uma espécie de "lista de verificação" que está armazenada lá no fundo de sua mente, no seu inconsciente. Nessa lista, existe um conjunto de critérios que vão dizer se uma pessoa que você conhece tem potencial para atrair seu interesse, antes que você possa se apaixonar por ela. Alguns psicólogos, apoiados nos estudos de John Money, chamam essa lista de "mapa do amor".

E aí, se uma pessoa não corresponder a alguns ou a todos os pontos dessa lista, seu inconsciente já vai desqualificá-la como um possível parceiro para o amor e provavelmente você vai colocá-la na *friendzone*. E é por isso que você se apaixona por algumas pessoas enquanto com outras terá apenas "amizade".

Essa lista de verificação é como uma impressão digital. Toda pessoa tem uma lista diferente e única, e a matéria-prima que a constrói são seus valores, crenças, experiências de vida, ambiente social no qual você está inserido e, claro, os relacionamentos amorosos que já viveu no passado. Tá vendo que até aquele ex que você não quer ver nem pintado de ouro ainda serve para alguma coisa? Serve como referência para relações futuras.

Os critérios que estarão nessa lista inconsciente também podem incluir coisas como a maneira de andar, de falar ou até mesmo de interagir com outras pessoas. Isso pode acontecer se as ações, a aparência ou outra coisa desse alguém lhe lembrarem características positivas, ou negativas, que você já percebeu e não gostou em outra pessoa.

Com esse sistema, a gente também entende o porquê de um amigo seu se apaixonar por uma pessoa que você acha que não tem nada de especial. É porque essa pessoa combina com o "mapa do amor" do seu amigo, e não com o seu. Então, perceber se alguém vai conseguir fazer as ligações nos pontos da sua lista de verificação não é algo que a gente faz conscientemente. Na realidade, a gente faz isso sem pensar. A mente faz tudo sozinha.

E aí, baseado nesse conceito, talvez você se pergunte: será que existe realmente algo como amor à primeira vista ou isso é só coisa de filme? Amor é sempre uma construção e nunca se dá pronto, mas se alguém conseguir atender aos critérios que estão no seu mapa do amor desde o primeiro encontro, poderemos falar em uma forte conexão à primeira vista. Em outras palavras, você se apaixonará pela pessoa à primeira vista.

E aí, com o passar do tempo e conforme você for conhecendo essa pessoa, duas coisas podem acontecer: ou ela vai confirmar todas as correspondências que você idealizou sobre ela – e você terá aquela sensação de "encontrei minha alma gêmea" – ou você vai perceber que ela não se encaixou tão bem assim, o fogo da paixão começará a apagar e a relação chegará ao fim.

Agora que você sabe da existência desse mapa do amor, fica mais fácil entender o porquê da sua história nos relacionamentos se parecer tanto com o exemplo que vou dar. Imagine que duas pessoas se conhecem e, imediatamente, sem que elas nem se deem conta, a cabeça de cada uma já começa a fazer uma projeção de desejos e expectativas sobre a outra. E quanto mais o *match*" das expectativas parecer real, mais vontade ambos terão de se conhecerem melhor, até que o interesse pode virar compromisso, que pode virar namoro, noivado, casamento, filhos... e por aí vai.

E com essa historinha eu retomo à pergunta que fiz anteriormente: quando busca um relacionamento, você está mais interessado em viver a dinâmica da relação, ou seu foco é na pessoa com a qual está se relacionando? Buscar essa resposta é importante, porque se sua relação for construída sobre bases erradas, ela pode, como um prédio mal fundado, desabar quando a construção já estiver bem avançada.

Deixe-me contar um caso de consultório, e aí você vai conseguir entender qual é a melhor resposta para a pergunta do parágrafo anterior.

Valéria chegou ao meu consultório extremamente preocupada e confusa. Tinha um namorado de longa data e não sabia se deveria terminar o relacionamento, porque tinha o casamento como objetivo e não estava segura de que aquele homem era a pessoa certa para se casar. Perguntei a ela quais seriam os motivos que a faziam ter essa dúvida.

"É que ele não é mais a mesma pessoa do início do relacionamento. Antes ele tinha mais tempo para mim. Acho que me priorizava mais, sabe? Hoje tem momentos em que ele prefere estar com os amigos a ficarmos juntos. Antes ele também se cuidava mais, tinha o corpo malhado... hoje, ele está um pouco mais desleixado, deixou crescer a barba, coisa que nunca tinha feito. Também acreditava mais na família, pois ele gostava de ir visitar a minha mãe aos domingos, mas de uns tempos para cá há domingos em que ele prefere outras programações e diz que não vê problema em não almoçar todos os domingos com ela. Será que o homem pelo qual me apaixonei era uma mentira ou ele simplesmente mudou?."

Na verdade, o rapaz nem parecia ter mentido nem mudado. O problema é que, quando focamos mais na experiência da relação do que em realmente conhecer a pessoa, essa sensação de que o outro se transformou acaba aparecendo mais cedo ou mais tarde. Porque, em vez de entender como o seu pretendente é, você na verdade tenta "colar" suas fantasias/expectativas nele. E ao ver correspondidas algumas dessas expectativas, você pode ter a tendência de supervalorizar o que "deu *match*" e minimizar o que não se encaixa no que você sempre quis encontrar em alguém. É quase como se você, inconscientemente, se recusasse a ver o desencaixe. Acontece que eles existem e são normais. Ninguém vai ter todas as expectativas atendidas em um relacionamento. Nem se você resolvesse viver um poliamor, e se apaixonasse por uma pessoa que atendesse a algumas das suas expectativas, e por outra que correspondesse às fantasias que a primeira não atendeu, e uma terceira que tivesse o que faltava nas outras duas, você transformaria sua relação num quebra-cabeça humano para, no fim das contas, quebrar a cara ao perceber que essas três pessoas teriam, em diferentes momentos, vários comportamentos que você não esperava.

Valéria parecia não ter se dado conta de nada disso. E mais, ela dava sinais de ter ficado presa na "fase da lua de mel" do relacionamento. Fase inicial, em que ambos estavam dando o melhor de si e sempre tentando impressionar um ao outro, como se cada um estivesse dando um *show*. E aí, o "espectador" aplaude o que está vendo e se deslumbra com isso. Só que quando esse *show* acaba, o que há por trás da cortina e dos holofotes nunca é tão espetacular. É, metaforicamente falando, desmontar cenário, limpar palco, guardar figurino. Em outras palavras, é trabalho emocional. Porque construção de relacionamento exige gasto de energia e transpiração afetiva.

Tentei levá-la a compreender esses aspectos da dinâmica da sua relação e incentivei-a a dialogar mais abertamente com o namorado, falando-lhe de toda a confusão que a consumia e tendo o cuidado e a paciência de escutar, com o coração aberto, as necessidades desse homem. Claro que no decorrer das nossas conversas muito mais da subjetividade dela veio à tona, como a admiração que ela tinha pelo pai e o desejo de encontrar um homem que, numa certa medida, reproduzisse esse primeiro amor da infância.

Sentindo-se um pouco mais em paz consigo mesma e mais lúcida sobre o fato de que ninguém jamais atenderia suas expectativas afetivas da forma como ela sonhara, assim como ela também não supriria a de ninguém, Valéria resolveu dar uma pausa nos nossos encontros. Mas o importante disso tudo é que ela foi embora consciente de que existia uma grande diferença entre amar genuinamente o namorado, apesar dos defeitos e comportamentos que ela só conheceria com o tempo, e esperar que ele ou qualquer homem se transformasse na pessoa "perfeita" para ser amada e digna de ser considerada como um possível casamento. Ter essa consciência foi, para ela, algo profundamente libertador.

AMAR NÃO É UMA DISPUTA POR ESPAÇO

Para saber lidar com a própria identidade em um relacionamento, você também precisa desenvolver senso de equilíbrio e uma boa percepção para fazer ajustes se forem necessários. Você deve descobrir quanto de espaço nessa relação é genuinamente seu, o que pertence aos dois e o que é do outro. Precisa saber se ainda cabe nesse espaço de forma a se sentir confortável sem precisar se encolher ou se deformar. E se vocês, mesmo sem perceber, não estão, às vezes em pequenas atitudes, "engolindo" um a liberdade do outro.

Afinal, é mais comum do que se pensa o fato de alguém que conhecemos, ao entrar em um relacionamento, mudar o jeito de se vestir, de agir e até mesmo de falar. E isso pode acontecer tanto com um quanto com os dois lados da relação, ao mesmo tempo – que é quando um começa a viver pelo outro, a ponto de os dois tentarem fundir as identidades, para "forçar" o ideal do encaixe perfeito e poder dizer "nós fomos feitos um para o outro".

Para isso não acontecer, é preciso que cada um tenha seu espaço garantido na relação. E, muitas vezes, a disputa por esse espaço pode acabar gerando conflitos, pela falta de compreensão de um dos dois (ou de ambos) quanto à necessidade desse universo particular. Mas do que eu estou falando, afinal? Vejamos uma definição para que fique mais claro para você.

> ***ESPAÇO INDIVIDUAL***
> *É a disponibilidade de tempo a ser dedicado para que você possa se colocar como prioridade, e para que possa usá-lo em prol de seus* hobbies, *de quaisquer outras atividades que lhe dão prazer pessoal, ou de escolhas que você possa fazer em benefício próprio, sem que nada disso dependa do outro para acontecer. O espaço individual existe para que você possa se sentir bem consigo mesmo e isso é algo intransferível.*

Se um dos dois, em determinado momento do relacionamento, reclamar que está "se sentindo sufocado" ou "precisando de espaço", isso pode ser um forte sinal de que esse espaço individual não está sendo respeitado. E isso deve ser levado a sério em vez de ser confundido com falta de amor. Ou seja, a queixa não deve ser trabalhada como algo que gere insegurança no casal. Nenhum dos dois deve se colocar na defensiva ou no ataque, caso esse alerta seja ligado, muito pelo contrário: é preciso que haja compreensão, interesse, acolhimento e curiosidade por saber que um dos dois está sentindo a necessidade de ter esse espaço individual renegociado.

Lembre-se de que, se um de vocês sente que precisa de espaço, e se o outro for capaz de se autoavaliar de forma suficientemente honesta e madura, vai descobrir que também sente essa mesma necessidade, mas que talvez (ainda) não tenha se dado conta disso. Afinal, todos nós temos nossas necessidades pessoais, que devem ser consideradas na relação.

Por isso, proponho um caminho com alguns pontos importantes que vocês podem exercitar para garantir que os espaços pessoais não se percam, sem que isso leve a pensar que a relação ou o sentimento que une vocês está acabando:

1. O segredo está nos detalhes

Um teste rápido: abra seu guarda-roupa ou sua geladeira. Observe quanto de você tem ali. Se você não estivesse em uma relação, quais desses itens não estaria ali dentro? Parece algo impensável, mas tenha certeza: o guarda-roupa e a geladeira são dois lugares que podem dizer muito sobre você e seu relacionamento.

Sendo assim, comece a se apegar aos detalhes na sua rotina: as coisas que você gostava de comer, as músicas que pode ter deixado de ouvir, os filmes e séries que abandonou... Você precisa ir reconquistando as coisas que lhe dão prazer, mesmo que seja algo simples. O que parece apenas um detalhe, mas que vai se juntando a outro detalhe, pode ajudar e muito na conquista do seu espaço individual.

2. Participe de atividades que não envolvam seu(sua) parceiro(a)

É legal fazer programas a dois – mas também é ótimo fazer coisas separadamente. Você precisa ter tempo para a manutenção das suas paixões e *hobbies*, sem que isso dependa da presença do outro. Quando se está em um relacionamento, é muito fácil que um dos dois acabe desistindo de alguma coisa de que gosta para encontrar uma opção que possam fazer juntos. Na verdade, numa relação saudável, um deve encorajar o outro a buscar atividades que devem ser feitas separadamente, assim como ambos devem aprovar outras que gostam de fazer juntos, e não viver numa espécie de controle de "onde você vai" ou "com quem você está". Isso inclui socializar com as pessoas da sua família ou com os amigos que você já tinha antes da relação. Atividades em separado ajudam e muito a desenvolver e fortalecer a confiança um no outro, além de promover um ótimo aumento na autoestima. E, quando isso acontece, a relação tem tudo para ser vivida de uma forma muito mais prazerosa.

3. Transmita seus desejos pessoais por meio da sua linguagem cotidiana

Quando se está em um relacionamento, é bem comum começar a dizer que "Nós gostamos daquela viagem" ou "Nós preferimos aquele restaurante". Afinal, os gostos em comum são supervalorizados no cotidiano, e isso é muito bom de se viver. Mas se o "nós" começa a aparecer excessivamente, a ponto de você dizer "nós" quando na verdade diria "eu", fique atento. Os desejos do casal devem, sim, aparecer, mas suas paixões pessoais também devem continuar a fazer parte da comunicação, seja entre vocês ou diretamente com os outros. Assim, você garante a liberdade de continuar a expressar aquilo de que gosta, o que sente e o que aprova.

4. Mantenha o autoconhecimento em dia

Um grande engano que muitas pessoas acabam tendo ao entrarem em um relacionamento é acharem que já trabalharam o suficiente sobre elas mesmas. Que a construção da personalidade individual terminou. "Agora você é uma pessoa comprometida" é uma frase frequentemente dita pelos amigos e familiares quando você inicia relacionamento.

A relação não faz você encerrar sua jornada de autoconhecimento. Isso a gente carrega para a vida toda! Não caia no engano de pensar que, porque achou alguém para amar, você está "completo". Você sempre foi uma pessoa inteira, que constrói conexão com outra pessoa inteira. Seu espaço individual também deve ser usado para reforçar e manter seu autoconhecimento. Afinal, tem alguém do seu lado que se apaixonou exatamente por quem você é; então mantenha-se sendo você, e garanta a autenticidade e a essência que sempre foram sua marca pessoal.

• • •

É importante que eu lhe lembre que toda essa questão colocada neste capítulo é algo que depende muito mais do seu movimento que do movimento do outro. E vice-versa. Você não pode – nem deve – responder pelo comportamento do outro. Então, se, por exemplo, você percebe algum comportamento no seu companheiro(a) que contradiz o que ele(a) mesmo fala, você pode até alertá-lo(a) sobre isso – mas você não é responsável por esse comportamento incongruente. Da mesma forma, quando você tem algum comportamento que possa contradizê-lo, jamais coloque a culpa no outro por isso.

Antes que você vire a página para a próxima parte da nossa conversa, eu gostaria de deixar duas questões para você responder e refletir:

1 – Onde está o outro dentro de você e qual tamanho ele tem?

2 – Quais das atitudes citadas acima você ainda precisa tomar, ou aperfeiçoar, para que não se perca de si mesmo dentro da relação?

Agora que você compreendeu que o amor não pode roubar sua identidade e está bem longe de ser uma disputa, deixe-me lhe fazer uma pergunta: você já escutou ou leu em algum lugar que o amor é cego? Tenho certeza que sim. E, numa certa medida, essa afirmativa tem mesmo razão de ser. Afinal não é a racionalidade que nos faz escolher a pessoa amada, nem muito menos é nossa vontade consciente que decide por quem nosso coração baterá mais forte. Não por acaso, Cupido, o deus romano do amor, é sempre retratado como uma criança travessa que, munido de arco e flechas mágicas, escolhe, à revelia da nossa vontade ou protesto, quem iremos amar.

Mas se a escolha da pessoa amada nos escapa, permitir que o amor nos feche os olhos a ponto de não vermos, ou de negarmos, os defeitos ou abusos de quem está ao nosso lado, é uma armadilha perigosa que produz grandes estragos na nossa vida e consome nossa liberdade. Então, que tal irmos adiante e aprendermos que o amor não pode, nem deve, nos cegar? Vamos descobrir juntos como não entrar nessa gaiola – ou como sair dela?

capítulo 3
O AMOR NÃO DEVE NOS CEGAR

O AMOR É UMA EMOÇÃO PODEROSA. ELE PODE FAZER você conhecer e desenvolver sua melhor versão, mas também é capaz de fazer você agir de formas que podem parecer loucas. Confesse: você ou alguém que você conhece já deve ter feito alguma coisa quando estava "cego de amor", e que hoje tem vergonha e pensa: "Onde eu estava com a cabeça quando fiz aquilo?!"

Isso porque o amor está longe de ser um sentimento racional. Na verdade, apenas se apaixonar já promove muitas mudanças hormonais em seu corpo. Mudanças que alteraram seus sentidos e sua forma de perceber as coisas, e que podem até alterar, temporariamente, seus valores. Ou seja, sem a devida atenção, o envolvimento amoroso pode cegar você, tornando-se algo aprisionante. E não é isso que queremos, não é verdade?

Para evitar essa cegueira tão comum de acontecer, vou lhe propor o exercício dos pilares. Primeiro, imagine a vida como um grande e pesado bloco de concreto. Os cegos de amor normalmente colocam um único pilar central sustentando esse bloco: o pilar da relação amorosa.

Observe a figura e pense: o que acontecerá se esse pilar quebrar? A vida inteira de quem faz esse tipo de construção parecerá desabar. E quando digo parecerá é porque assim a pessoa sentirá o rompimento amoroso, já que, cega pelo amor, imagina que sem o outro a vida não é capaz de se sustentar. Se você joga nesse time, para, bebê! Pare porque o amor não é – nem deve ser visto como – a única condição para sua vida e sua felicidade existirem. Sejamos razoáveis e façamos uma conta imaginária. Se você conheceu essa pessoa quando tinha 30 anos, você viveu três décadas sem nem saber que ela existia. Por que imagina que não continuará vivendo se ela partir? Só porque você sente muita dor? Sim, ter uma relação amorosa rompida ou perdida é mesmo terrivelmente amargo, mas precisamos aprender a fazer o luto dessa dor, em vez de esperar que ela não exista. E isso, acredite, é profundamente libertador.

Agora, vamos à segunda parte do exercício. Observe essa nova imagem.

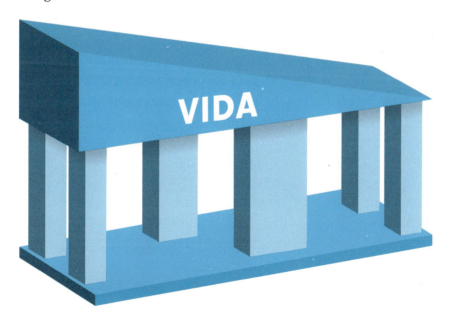

A ideia é que você pense na relação amorosa que está vivendo (ou a última que você viveu) e preencha os pilares em branco. Comece pela relação amorosa. Em qual pilar você a colocará? No mais central ou no mais periférico? Em um mais grosso ou em outro mais fino? Em seguida, preencha os pilares que restaram com as outras coisas que dão suporte à sua vida afetiva. Que coisas são essas? Qual é o grau de importância delas na sustentação da sua felicidade e do seu bem-estar? Quanto mais difícil for preencher os pilares, provavelmente mais força o amor tem para lhe cegar.

O que quero despertar em você com esse exercício é seu grau de dificuldade/facilidade em perceber que a relação amorosa não é o único eixo da sua existência, e que quando colocamos diferentes pilares como sustentáculos da nossa vida, se algum deles quebrar ou trincar, o bloco todo sofrerá um abalo, talvez até se incline, mas certamente não desmoronará.

Após esse exercício, é hora de você se situar sobre os sinais mais comuns de que a "cegueira" do amor está se instalando. Essas pistas podem aparecer já na fase inicial do relacionamento e perdurar durante muito tempo, dependendo da intensidade dos seus sentimentos. Por isso, para ter um relacionamento livre e feliz, é preciso conhecer bem os sinais da cegueira amorosa, de modo a evitar perder o controle de si mesmo.

5 SINAIS DE QUE VOCÊ ESTÁ CEGO DE AMOR

1. Seu grau de admiração pelo outro é exagerado

Já conversamos sobre quanto ampliamos as qualidades e diminuímos os defeitos da pessoa com quem estamos nos relacionando, principalmente na fase inicial, quando a paixão está com a chama bem mais alta que o normal. Esse comportamento é saudável, desde que você perceba que está fazendo isso de forma consciente. Quando você acha que todo mundo tem defeitos menos a pessoa que você ama, ligue o alerta. Se você sente como se estivesse com uma pessoa perfeita por dentro e por fora, que tudo no outro é incrível, e que você tem a sensação de que jamais vai encontrar alguém tão legal assim no mundo, é bom baixar um pouco essa chama. A admiração pelo outro é necessária, mas não exagerada. Afinal, ele também tem defeitos, faz parte do ser humano.

2. Você não deixa as coisas fluírem de forma natural

O envolvimento está tão grande que você tenta controlar a narrativa do seu "conto de fadas". Para isso, começa a agir fazendo coisas que estão completamente fora do seu habitual, só para manter a situação como acha que deveria ser. Você pode, por exemplo, querer omitir informações a seu respeito, gastar mais dinheiro do que tem ou até mesmo começar a deixar de lado suas opiniões, simplesmente porque quer sempre agradar ao outro. São pensamentos como: "Se ela souber isso de mim, certamente vai terminar comigo" ou "Não posso fazer isso que gosto na frente dele, senão ele não vai me querer mais". Perceba que é um engano achar que você consegue controlar tudo no relacionamento e que se alguma coisa der errado a culpa será sempre sua. Esse padrão de pensamento de "nada pode dar errado" pode levá-lo a expectativas muito irreais – e que podem sair pela culatra num futuro mais próximo. Todo relacionamento saudável deve permitir que você continue a se expressar livremente, sem medo do que o outro vai pensar sobre você.

3. Você toma decisões cedo demais apenas por impulso

Mergulhar de cabeça num relacionamento significa estar disponível para acolher e ser acolhido, mas não pode significar que você precise tomar decisões importantes fora do tempo adequado. Por mais tentador que seja, você não deve permitir que a excitação do relacionamento o leve a tomar decisões importantes no momento errado. Morar juntos, mudar de cidade, unir as contas bancárias, largar os estudos, financiar um carro ou imóvel, comprar um animal de estimação... são muitos os exemplos de decisões que comprometem sua história de vida. Por isso, esse tipo de decisão só deve ser levada a sério depois de um bom tempo de compromisso, quando vocês dois já estiverem com o amor consolidado, quando sentirem que há uma base firme para a construção dessa relação. Tomar decisões desse tipo usando mais a emoção que a razão é uma clara evidência de que você anda cego de amor e que está se colocando em um risco desnecessário.

4. Você ignora falhas de caráter ou algum comportamento reprovável

Se ao se deparar com alguma coisa que o outro costuma fazer, e que vai de encontro a seus valores e princípios, você responde na sua cabeça com "ah, isso não é lá grande coisa", "dá pra conviver porque isso não vai acontecer comigo", você tem um forte indício de cegueira amorosa.

Claro, sou a favor do perdão, acredito, sim, na redenção e na verdadeira mudança. No entanto, as pessoas cegas para o amor simplesmente ignoram o comportamento reprovável ou até mesmo uma falha de caráter. Ou seja, diante de uma situação dessas, você não precisa fugir da pessoa. Vocês devem conversar sobre o que você sente e pensa sobre o ocorrido, revelando ao outro como você está emocionalmente. Além disso, precisa ficar atento para perceber se há mudanças confiáveis nos padrões de comportamento dessa pessoa e se ela se mostrou solidária em relação a suas queixas.

Lembre-se sempre de que é impossível ter um relacionamento livre e saudável se houver atitudes de desrespeito contínuo, mentiras, indiferenças e qualquer forma de abuso. Não varra maus comportamentos para debaixo do tapete.

Outra dica é sempre considerar, claro que dentro de uma certa medida, a forma como seus amigos e parentes estão observando essa relação. Quando você está cego de amor, é mais difícil perceber como problemáticas algumas atitudes de quem você ama.

5. Você se desconecta de outras áreas da sua vida

Seu relacionamento amoroso não deve ser a única área da sua vida na qual você investe tempo e afetividade. Lembra-se do exercício dos pilares que lhe propus? Era disso que eu estava falando. Claro que é comum, principalmente no início, que sua vida fique bem preenchida pela pessoa que você está conhecendo. Mas depois, passada a empolgação, o esperado é que você volte novamente a atenção para os outros pilares que sustentam sua vida, como amigos, família, *hobbies*, engajamentos sociais/comunitários, hábitos religiosos (caso você os tenha) etc. Se perceber uma desconexão duradoura e que chega a influenciar sua vida, provocando, por exemplo, problemas nos estudos ou no rendimento do trabalho, desistência de planos ou projetos de vida, afastamento severo da família e de amigos queridos, para, bebê! Pare e abra os olhos porque talvez você esteja cego de amor.

O AMOR NÃO DEVE NOS APRISIONAR

Todas essas atitudes que apresentei têm potencial para abrir caminho para uma porção de sentimentos destrutivos para o casal. A cegueira amorosa pode deixá-lo mais vulnerável e atrair pessoas com comportamentos nocivos, capazes de mantê-lo em cárcere amoroso. E definitivamente o amor não deve aprisioná-lo. Algumas das possíveis ciladas que vou descrever a seguir são desdobramentos do adoecimento e da dependência amorosa. Gostaria que você as lesse com muita atenção e, quando alguma delas lhe parecer familiar, pare um pouco a leitura e reflita sobre sua vida e seus relacionamentos. Afinal, esse é o meu objetivo: acender em você pontos de reflexão.

CILADA #1
Pessoas que o aprisionam por meio da desestabilização emocional

Quando estamos cegos de amor, nem sempre é fácil barrar um mecanismo de manipulação muito comum que algumas pessoas usam e que costumamos chamar de *gaslighting* (que, se traduzirmos ao pé da letra, seria algo como "luz a gás"). O nome desse mecanismo vem de um filme de 1944, que em português foi traduzido como *À meia-luz*. Nele, o marido começa a desestabilizar a esposa para ter controle sobre ela. E, para garantir isso, ele a faz duvidar de si mesma. Sem que a esposa soubesse, ele mexia na regulagem do fluxo de gás das lamparinas e, quando a mulher dizia que a casa estava mais escura, ele negava, falando que era "impressão dela" ou que ela "estava confusa".

Ao longo do filme, você vai percebendo que o marido fazia uma série de coisas que sempre deixavam a esposa duvidando de si mesma e com a sensação de estar enlouquecendo. Isso porque perturbar uma pessoa psicologicamente é uma forma cruel de aprisioná-la. Entretanto, é preciso que você compreenda que a cilada do *gaslighting* não acontece de uma hora para outra. As atitudes vão gradativamente aumentando e isso faz com que a vítima se sinta cada vez mais dependente emocional e fisicamente do parceiro.

Mas quais seriam os comportamentos mais comuns de uma pessoa que se utiliza do *gaslighting* para desestabilizar o outro? Vamos lá:

- **Quem você ama questiona constantemente sua percepção da realidade**

Sabe aquela pessoa que está o tempo todo duvidando das coisas que você vê ou pensa? Geralmente, usando frases como:

- "Não, você está enganado(a), essas palavras nunca saíram da minha boca"
- "Você sonhou com essa história. Isso que você está dizendo não aconteceu"
- "Como assim? Claro que você nunca me pediu isso. Se tivesse pedido, eu teria feito"

Isso vai se repetindo várias e várias vezes, em diversas situações, até que você começa a duvidar de si mesmo. Começa a achar que suas certezas são fruto da sua imaginação. Começa a acreditar que você, de fato, não viu, não percebeu ou não disse certas coisas. Pode achar que estava sonhando que viu, ou então que está misturando as histórias... a sensação de confusão se instala em você. E é então que o outro consegue assumir o controle da sua percepção e o manobra da forma que bem entender.

Lembro-me de que, certa vez, uma paciente me contou ter encontrado, na agenda do marido, um bilhete romântico assinado por outra mulher, que, ao que tudo indicava, era alguém com quem ele vinha mantendo uma relação extraconjugal. Ao confrontar o esposo, ele lhe pediu calma, disse que não estava entendendo o que ela estava falando.

Ela ficou com tanta raiva que para manter o autocontrole e não começar a berrar com o homem, largou o papel sobre a cama e foi até a varanda do quarto respirar dois minutos longe dele. Quando voltou, um pouco mais controlada, falou: "Agora vamos parar com a palhaçada e me diga. De quem é o bilhete?".

O marido fez uma cara de estranhamento.

– Pelo amor de Deus, pare! Do que é que você está falando? Que bilhete?

– O bilhete que peguei na sua agenda, seu cachorro!

– Meu amor, desculpe, mas não sei do que está falando. Que confusão é essa? Que bilhete? Você está descontrolada. Eu cheguei, você estava furiosa, dizendo que eu era um traidor. Eu não entendi nada, lhe pedi calma e você saiu furiosa até a varanda. O que está acontecendo? Do que você está falando? Por favor, você está me assustando.

Ela começou a vasculhar cada centímetro do quarto, checou os bolsos dele, e nada. O bilhete simplesmente não existia, fato que a deixou profundamente perturbada e confusa consigo mesma, ao ponto de desabar no choro e de ele a abraçá-la solidariamente pedindo que se acalmasse, e dizendo que ela andava sobrecarregada e que com certeza haveria uma explicação para aquilo tudo. Chegou mesmo a sugerir que poderiam consultar um neurologista, para entender aquele estado de confusão momentânea.

Se eu terminasse a história aqui, talvez você, leitor, achasse que ela, sob forte estresse emocional, tivesse mesmo se confundido ou tido algum tipo de surto. Mas, meses depois, em uma nova briga que culminou no divórcio, o marido assumiu que, de fato, estava apaixonado por outra, que o bilhete existira e que ele o havia engolido no instante em que ela estava na varanda.

Fazer você duvidar de si mesmo é uma prática perturbadora de *gaslighting*.

• Você não consegue definir a personalidade do outro

Sabe aquela pessoa que parece um peixe ensaboado? Que nunca deixa as coisas muito claras e muda as próprias características como se fosse uma onda do mar, que vai e vem? Por exemplo: você sugere ao outro uma viagem, e ele diz que não gosta de viajar. Semanas depois, é o outro que sugere uma viagem para você. E aí você confronta: "Ué, mas você não disse que não gosta de viajar?". A resposta é exatamente o oposto: "Eu adoro viajar!". Ou então a pessoa se comporta de forma muito seca com alguém próximo, sem nenhum motivo aparente e, pouco tempo depois, esse comportamento se inverte. E quando você confronta o outro, ele diz: "Eu? Eu nunca trataria 'tal pessoa' da forma que você está dizendo. Acho que foi impressão sua". E por aí vai.

Ou seja, são situações em que fica difícil definir e entender como é a personalidade da pessoa com quem você está se relacionando. E, mais uma vez, você vai se sentir confuso(a) na relação.

• Você se sente constantemente invadido(a)

Mesmo quando o outro não está presente, de algum modo ele se faz presente. Dizendo de outra forma, ele manobra a relação para "entrar" na sua cabeça de uma maneira muito intensa. Tanto que você, antes de tomar qualquer decisão ou fazer alguma coisa, pensa:

- "Será que ele(a) vai gostar?"
- "Que ele(a) vai pensar se eu fizer assim?"

Ou seja: mesmo ausente, o outro invade seu ser. Nesse cenário, você perde os limites da sua privacidade/subjetividade, já que o outro entra e sai dos seus espaços mentais sem a menor cerimônia.

• O outro vive negando os próprios atos

Isso é simples de perceber. É bem parecido com a história do bilhete engolido que contei. Lembrei-me de outro caso contado por outra paciente. Certa vez, ela encontrou um homem em um corredor de supermercado e ele puxou papo falando sobre batatas-doces, frangos e comidas saudáveis. Dias depois, enquanto abastecia o veículo, coincidentemente ela encontrou o mesmo homem na bomba ao lado. "Olha, que coincidência, como vai?" Depois de uma troca rápida de gentilezas, cada um seguiu seu trajeto. Até que, ao fazer uma caminhada pela orla, ela deu de cara novamente com o rapaz que, dessa vez, disse estar tomando uma água de coco para relaxar. Foi então que ela começou a se perguntar se essas coincidências já não estariam um pouco além do que poderíamos considerar acaso.

Alguns dias depois, antes de sair para o supermercado (ela costumava fazer compras para a casa sempre no mesmo dia), calhou de olhar pela janela do apartamento e ver o carro do tal rapaz, estacionado quase em frente ao prédio. Ela pegou o celular, deu o máximo de zoom que a câmera alcançava e gravou um vídeo, em que o rapaz aparece dentro do veículo, com as janelas abertas e o celular na mão.

Ela desceu, mas, quando foi na direção em que havia visto o carro, ele já não estava mais lá. Uns quarenta minutos depois, ela tornou a esbarrar com o tal homem no supermercado. Entre assustada e irritada, perguntou o que é que ele queria com ela, e por que a estava seguindo. Ele negou. Ela puxou o celular do bolso e mostrou-lhe o vídeo que havia gravado da janela do apartamento. Ele insistiu que não a estava perseguindo, que nem sabia que ela morava ali e que tinha apenas parado porque precisava responder a algumas mensagens. E que não costumava dirigir e usar o telefone ao mesmo tempo. Quando ela insistiu, ele respondeu com mais severidade:

— Você é louca. Acha que tudo o que acontece ao seu redor tem a ver com você. Tá se achando muito importante, hein?! – E saiu de perto dela. Coincidentemente, depois desse episódio, eles nunca mais se cruzaram.

Esse é outro tipo de comportamento para o qual você deve ficar bastante atento(a). Não apenas o de alguém estar perseguindo você, mas o da pessoa com a qual está se envolvendo colocar na sua cabeça que você tem mania de perseguição. Ainda que numa certa medida você possa ter mesmo, nunca permita que alguém o convença de que você é paranoico. Na dúvida, converse com diferentes pessoas da sua confiança e conte tudo o que está acontecendo detalhadamente. Isso o ajudará a ter uma referência mais justa da realidade.

Por exemplo: sobre o caso da paciente, se ela tivesse lhe contado essa história, você diria que ela teve razão para concluir que estava sendo seguida ou a chamaria de louca? É óbvio que a situação pela qual ela passou é superlativa, mas quantas pequenas situações parecidas você talvez já tenha vivido no trabalho, na escola, na família, e que acabaram por convencê-lo de que estava sendo uma pessoa paranoica? Pense nisso!

• As mensagens são contraditórias

Há pessoas que sempre se comunicam de forma muito vaga, construindo frases e expressões que com frequência podem dar margem a dupla interpretação ou que têm sentido dúbio. O objetivo nesse caso também é desestabilizá-lo emocionalmente, porque sempre que você entender "A", o outro vai afirmar que na verdade quis dizer "B", e que você nunca consegue entender o que está sendo dito, como se o tempo todo houvesse uma dificuldade de comunicação – e a culpa, claro, é sua. Esteja sempre atento ao fato de que mensagens ambíguas e contraditórias também servem de prisão em um relacionamento, porque dão poder ao outro.

• Sua personalidade começa a mudar (e você não sabe o porquê)

Parece estranha a ideia de a personalidade começar a mudar por causa de um relacionamento, não é mesmo? Mas para você entender como isso pode acontecer, vejamos alguns exemplos. Você era uma pessoa comunicativa, que sempre tomava a iniciativa para tudo e, pouco a pouco, você se vê uma pessoa encolhida, tímida, com medo de se expressar. Ou você era uma pessoa alegre e animada, mas que, com o tempo, foi parando de ver graça nas coisas. Você tinha muitos amigos, mas se afastou de quase todos. Seus laços com os familiares, antes fortes, acabaram se desfazendo e você nem sabe quando os viu pela última vez.

Quando você passar a se dar conta de que existe uma série de alterações na sua personalidade e começar a crer que está doente, tenha certeza de que seu amor pelo outro o levou a entrar numa prisão. E o outro, em vez de ser empático e solidário ao ver que você está "murchando" como ser humano, vai levá-lo ainda mais para o fundo. Afinal, quando alguém não quer que um pássaro voe, corta-lhe as penas das asas. Assim o pássaro, fora da gaiola, acredita-se livre, mas não compreende por qual motivo não consegue voar. Vejamos exemplos de como, na prática, "as penas das suas asas" podem ser muito bem aparadas.

Você chega em casa reclamando de uma discussão que teve com o chefe e o outro diz:

- "É verdade, ele não é uma pessoa fácil de lidar, mas também leve em consideração que seu temperamento é bem difícil. Quando o/a conheci, você não era assim!"

Ou você fala de um mal-entendido que teve com uma pessoa que lhe é muito chegada e escuta algo do tipo:

- "Ah, o problema é que você não se cala, acha que tem sempre que se meter nas coisas, a culpa é sua"

Compreendeu agora como se estabelece a dinâmica que poda as asas da sua liberdade de ser quem você é, muda sua personalidade e o faz viver em um cativeiro disfarçado de amor? Esse também é um comportamento muito comum no *gaslighting*.

• O outro começa a destruir sua imagem para as outras pessoas

Talvez você imagine que nunca permitiria algo assim e que, ao perceber que quem você ama faz esse tipo de coisa, tomaria imediatamente uma providência. É verdade, tomaria mesmo. O problema aqui está em conseguir perceber, o que quase nunca é tão fácil.

Certamente você já escutou a afirmação popular que "de boas intenções o inferno está cheio". Pois é o caso. Quando quem você ama rebaixa sua imagem, em geral o faz travestindo o próprio discurso de "boas intenções". Qual é o motivo disso? Maldade? Não direta ou conscientemente. O objetivo em si é aprisioná-lo. Afinal, se sua relação amorosa for seu único ou principal lastro afetivo, isso aumenta muito sua dependência emocional e encurta suas possibilidades de pular fora, caso não se sinta feliz.

Para que você compreenda como essa dinâmica pode se estabelecer, vejamos exemplos de frases aparentemente pacíficas ou até mesmo elogiosas, mas que têm como finalidade fazer de você uma pessoa desinteressante aos olhos dos outros:

- "Nossa, é verdade, eu a amo muito, ela é esforçada... mas é que ela não consegue me ajudar a progredir. Mas eu entendo, é uma limitação dela"
- "Ah é, ela sempre tenta passar em concursos, é mesmo muito persistente, mas nunca aprende o suficiente, coitada..."
- "Ele realmente tenta ser um bom pai, mas os filhos não têm o menor respeito por ele. Ele é como a mãe dele, não sabe educar"
- "Ele é um homem bom, mas não merece confiança no

quesito responsabilidade. Raramente consegue cumprir o que promete!"

É assim, de forma aparentemente "inofensiva" que o outro vai tornando-o uma pessoa insuficiente, desinteressante ou não muito confiável, e aos poucos começa a fazer com que as pessoas se distanciem de você. Cuidado com frases bem-intencionadas, mas que trazem embutidas uma lógica destrutiva. E para que você entenda melhor esse tipo de lógica, vejamos a próxima cilada.

CILADA #2
Pessoas com comportamento agressivo-passivo

Sabe quando você sente às vezes que não é tão gente boa quanto deveria? E aí vem aquele sentimento de culpa, de que você poderia ter feito mais, de que deveria ser uma pessoa melhor. Em muitos momentos, esses sentimentos não são seus – e foram colocados em você por uma pessoa que se comporta usando um tipo de agressividade passiva.

Vamos entender melhor isso. As pessoas com comportamento agressivo-passivo muitas vezes acabam colocando você para baixo, e, por causa da forma sutil com que isso é feito, você nem se dá conta de como aconteceu.

Essas pessoas geralmente querem que você se sinta inseguro, que dependa do outro. E, pior, quando você sente que não está bem, que as coisas não andam fluindo na sua vida ou no seu relacionamento, você acaba achando que é responsável por tudo estar dando errado. Só que, na verdade, você está sendo levado a acreditar que tem culpa em tudo, graças às atitudes agressivo-passivas da pessoa que você ama. Vejamos as principais formas pelas quais esse tipo de comportamento pode se manifestar, para que você o identifique rapidamente e não viva um amor aprisionante.

• A pessoa vive se fazendo de vítima para que você se sinta culpado

Um bom exemplo é a procrastinação do outro, que atrapalha sua rotina. A pessoa sempre demonstra ser boazinha, promete que vai ajudá-lo com aquilo de que você precisa para cumprir determinada tarefa, e aí, na última hora, arruma uma desculpa qualquer para não cumprir com o que prometeu. No final das contas, ela sempre vai continuar a pessoa boazinha, que se ofereceu para ajudar, mas que, por "n" motivos alheios ao seu controle, não pôde fazê-lo.

Não se engane: por trás dessa bondade é comum existir uma forte agressividade dissimulada. Porque, no final das contas, é dessa forma que o agressivo-passivo fará você sentir culpa por não ter conseguido fazer aquilo de que você precisava, no tempo e na hora em que deveria. Acontece que você teria feito, se não tivesse ficado esperando que ele cumprisse o que se prontificou a fazer, mas que de última hora não fez, colocando a culpa no acaso, na vida ou nos imprevistos da vida.

- **A pessoa finge que lhe afaga, mas na verdade apedreja**

Nessa situação, primeiro há o elogio e a admiração por algo que você propõe, mas logo em seguida vem a pedrada. A desculpa ou o argumento é de que aquilo que você está propondo não vai dar certo ou é inadequado. Vejamos alguns exemplos práticos, para você entender como esse tipo de situação se estabelece e passa desapercebido.

- "Nossa, viajar no fim de semana para a praia é uma ótima ideia! Pena que está muito em cima da hora e, a essa altura, as reservas certamente já estão muito caras..."
- "Adorei a sua ideia de irmos comer pizza, mas hoje é domingo e tenho certeza de que as pizzarias estarão lotadas. E na última vez que pedimos por delivery demorou muito"
- "Sim, você tem razão. Concordo totalmente com a sua opinião, mas..."

(Leitor, quando se concorda totalmente com alguém, não existe "mas".)

Para que a questão do afaga e apedreja fique mais clara para você, vejamos outra situação de consultório. Certa vez, um paciente me contou que estava se sentindo muito insuficiente na relação com sua namorada, pois sempre que ele propunha fazer alguma coisa de que gostava com frequência as coisas davam errado. Para ele, a culpa não era dela. A moça, segundo ele, era uma superparceira e costumava topar as coisas que ele propunha, mas essas coisas simplesmente, por esse ou por aquele motivo, acabavam desandando. Pedi que ele me desse um exemplo.

Então ele me contou que recentemente a havia convidado para assistir a um filme que desejava ver havia já algumas semanas, mas que por força do trabalho só agora conseguira tempo. Embora o filme não fosse o estilo de que a namorada gostava, ela topou na hora. Na verdade, além de concordar, ela se mostrou animada e ainda combinou de jantarem após a sessão. Mas aí aconteceu de ela, que sempre costuma ser muito pontual em tudo, achar que precisava fazer uma escova no cabelo porque queria ficar mais bonita para ele. Acontece que o salão estava cheio, ela chegou atrasada em casa e, por mais que tivesse tentado se aprontar rapidamente, chegaram com um atraso que não justificava mais entrar na sessão.

Mero acaso? Talvez. Porém, como isso acontecia repetidas vezes e em diferentes situações foi ficando claro para o paciente que a namorada, de forma agressivo-passiva, aceitava os planos dele, mas no final das contas quase sempre só faziam aquilo de que ela gostava e do jeito que ela queria. E ele, sem perceber, estava pouco a pouco desistindo das próprias escolhas e deixando sempre a direção de tudo nas mãos dela. Acho que agora você compreendeu o que eu quis dizer com a técnica do afaga e depois apedreja.

Esses são só alguns exemplos para que você possa entender como o comportamento agressivo-passivo se estabelece em uma relação. A grande diferença desse tipo de agressividade disfarçada para quem faz o *gaslighting* é que, como essas pessoas aparecem sempre como boazinhas, pacientes, calmas e solidárias, você é quem fica como o ruim da história. Às vezes, você até se sente culpado por estar com raiva, ou pensando mal, de uma pessoa que aparentemente é sempre tão boa. Preste muita atenção, pois os agressivos-passivos são extremamente sutis e, se seus olhos estiverem cegos pelo amor, você não perceberá que por traz da bondade se esconde um ódio feroz, que nem sempre é consciente ou diz respeito a você de forma direta. Não é raro que os agressivo-passivos se comportem assim, por questões ligadas à história de vida deles.

Seja como for, fato é que a agressividade passiva vai, aos poucos, minando sua autoconfiança e sua autoestima, vai fazendo você perder o controle das coisas e se tornar cada vez mais uma pessoa muito pouco livre na sua relação amorosa.

CILADA #3
O perigo da codependência emocional

Muitas pessoas nem chegam a perceber que existe uma diferença entre dependência emocional e codependência emocional, ou confundem as duas coisas. Vamos entender melhor isso? Enquanto o dependente emocional sente que não consegue viver sem a pessoa amada e por causa disso perde muito da individualidade e autoconfiança, o codependente emocional precisa que o outro necessite dele para se sentir bem. Ou seja, é alguém que se aproveita das situações em que o outro precisa de ajuda para ficar no papel de quem sempre vai resolver todos os problemas.

Você pode pensar, em um primeiro momento, que viver com alguém codependente emocional é algo confortável e acolhedor, mas cuidado: isso pode levá-lo a ficar preso a uma relação tóxica. Ainda que de forma inconsciente, o codependente emocional acaba sempre assumindo, numa certa medida, o papel de carcereiro do outro. Isso acontece porque, ao se colocar o tempo todo no lugar do salvador cheio de boas intenções, o codependente fica obcecado por controlar a vida, o comportamento e as necessidades da pessoa amada.

Também vale perceber que essa coisa de querer cuidar e ajudar o tempo inteiro, tentando resolver tudo como se colocasse o outro sob a proteção de uma redoma de vidro, acontece porque o codependente nunca se sente amado ou nunca se sente suficiente na vida do outro. Dizendo de outra forma, o codependente emocional se ocupa do outro para não ter que lidar com sua própria autoestima, que é muito baixa. Ou seja, ele nunca vai se sentir amado porque ele próprio não se ama, e acredita que o outro precisar dele é a única forma de obter amor. E isso torna a vida de quem vive com ele e a dele próprio muito difíceis e aprisionantes.

Com base nisso, você vai conseguir entender os comportamentos mais comuns de um codependente emocional:

- **Ele planta a ideia de que você é frágil ou vulnerável**

Quando você não estiver bem ou estiver passando por alguma dificuldade, o codependente emocional vai ouvi-lo, vai lhe dar todo o suporte e ajuda que puder. Mas, por outro lado, quando tudo na sua vida estiver indo às mil maravilhas e você não estiver precisando de ninguém para salvá-lo de nada, é possível que você escute de um codependente frases que tentem induzi-lo a sentir necessidade de ajuda. Por exemplo:

- "É... esse problema parece que foi resolvido, mas ainda não estou seguro de que vai dar mesmo certo. Se por acaso começar a desandar, lembre que estou aqui do seu lado"

Esse ou qualquer outro tipo de frase vai lhe passar a ideia de que seus pontos fracos, suas vulnerabilidades ou carências estão ali, e sempre sublinhando que ele (o salvador ou a salvadora) estará a postos para ajudá-lo.

- **Ele quer sentir que faz sacrifícios por você**

O codependente sempre vai se sentir muito afetado quando você tiver um problema e se verá na obrigação de ajudá-lo mesmo que precise se sacrificar para isso ou ainda que você diga que não é necessária nenhuma ajuda ou intervenção. Cuidado, esses sacrifícios costumam ser cobrados mais para a frente e normalmente custam bem caro.

- **Ele sempre estará pronto a lhe agradar, mesmo que para isso precise desagradar a si mesmo**

Nesse caso, o codependente terá sempre muita dificuldade para dizer não a qualquer pedido seu, porque ele acredita que, além de ajudá-lo, o fato de o tempo todo dizer sim às suas necessidades vai garantir que você entenda quanto ele é valioso para você.

- **Ele esconde um forte egoísmo por trás da capa de empático e generoso**

Claro que isso acontece de forma inconsciente. Mas você consegue observar esse egoísmo que, numa certa medida, o enche de culpa ou remorsos, em frases do tipo:

- "Você sabe que estou fazendo tal coisa para você se sentir bem"
- "Sua felicidade é a minha felicidade"

Quando você escutar frases assim, carregadas de certo exagero emocional, é bom ter atenção. O sentimento de dívida pode ser terrivelmente aprisionador.

• Ele quer isolar você dos outros

Os codependentes emocionais também são mestres na arte de criar em você a sensação de que ninguém o apoia, de que ninguém está a seu lado, ninguém o entende ou o ajuda como ele. E se aparecerem na sua vida pessoas que de fato o ajudem em algum tipo de coisa, o codependente emocional vai criando, de forma sutil, uma série de intrigas que acabam afastando-o dessas pessoas. Afinal, na cabeça dele, na sua vida só pode existir ele como o amparo ideal ou como o salvador do seu dia a dia.

É claro que há muitas outras e diferentes razões que levam uma pessoa a se tornar um codependente emocional, mas certamente os principais motivos estão na história de vida dessa pessoa, por causa de diferentes feridas emocionais vividas na infância, como as feridas da rejeição, da injustiça, do abandono, da humilhação ou da traição, que podem fazer com que uma pessoa se torne codependente emocional por não conseguir encontrar nem a felicidade e muitas vezes nem a própria identidade. Ou seja, os codependentes emocionais são pessoas que não conseguem perceber o próprio valor e que buscam preencher essa lacuna, acreditando inconscientemente que vão ter algum valor ajudando e se devotando exageradamente à pessoa com a qual estabelecem uma relação.

Lembra que eu disse que os sacrifícios de um codependente em algum momento acabam custando bem caro? É óbvio que tanto esforço e tanta dedicação por outra pessoa não vão sair de graça. O codependente emocional espera um retorno, mas de uma forma que nem você nem ninguém vai conseguir retribuir. Afinal, como a questão diz respeito a feridas internas dele, não importa o que você faça, nada disso vai parecer suficiente. Então, se você vive com um codependente emocional, ele sempre vai demonstrar que está decepcionado com você. E aí, quando você aceita isso e se permite sentir assim, o codependente vai fazer você se sentir ingrato, provando por a+b que você não sabe reconhecer o verdadeiro valor de tudo o que ele faz por você. Esse tipo de conflito interno acaba aprisionando-o numa relação nada saudável e vai, aos poucos, destruindo sua autoestima.

UM JOGO ONDE SÓ HÁ PERDEDORES

Observe que em qualquer uma dessas ciladas os dois perdem. Afinal, quem ama valendo-se desses comportamentos nocivos deixa de aproveitar os sentimentos positivos que só uma relação livre traz, porque vive numa eterna ansiedade e preocupação em controlar. E quem é amado se sente sufocado, sem condições de experimentar o verdadeiro amor que é sempre filho da troca e da cumplicidade. Ou seja, ambos estão aprisionados, só que de formas diferentes. E o que a gente quer aqui é que você acorde para amar se sentindo livre.

Talvez agora você esteja pensando coisas do tipo: "Nossa, apaixonar-se e se entregar é algo perigoso", ou "Jamais vou mergulhar de cabeça num relacionamento". Para, bebê! Pare porque primeiro eu mostrei todos os alertas para que você perceba os rastros de uma relação aprisionante. Agora é hora de conversarmos sobre como amar sem que você não seja jogado em uma prisão.

EXERCÍCIO
VOCÊ SABE COMO AMAR E MANTER SUA LIBERDADE?

Para começarmos a falar sobre amar de um jeito livre, quero que você faça um exercício de autoconhecimento. Responda às questões abaixo, marque as afirmativas que têm a ver com a forma como você percebe um relacionamento.

x	**COLUNA 1**
	O relacionamento é algo essencial para mim, mas tenho outras áreas da vida que são tão importantes quanto.
	É comum que eu atraia pessoas livres e disponíveis, ou que demonstrem que desejam um compromisso sério.
	Acredito que um relacionamento pode começar mesmo sem aquela empolgação de uma paixão avassaladora. E pode dar certo.
	O fato de a pessoa ter alguns interesses diferentes dos meus não é motivo para que eu desista do relacionamento.
	Posso passar um bom tempo sozinho(a) se eu não encontrar um parceiro que eu julgue apropriado para mim.
	O que me move num relacionamento é o desejo (não a necessidade) de estar com aquela pessoa.
	Sei que sou uma pessoa completa e inteira, com ou sem um(a) companheiro(a).
	Se tem alguma coisa de que não gosto na relação, falo logo e assumo os riscos para saber se esse envolvimento é para mim ou se devo terminar.
	Se o(a) meu(minha) parceiro(a) me pede alguma coisa e eu não posso/não consigo/não quero, a gente tenta encontrar uma alternativa.
	Não tenho medo de ficar sozinho(a), porque relacionamento amoroso não é meu único objetivo na vida.

x	**COLUNA 2**
	Sinto constantemente que ninguém nunca vai me amar de verdade.
	Sem um relacionamento amoroso, me sinto incompleto(a).
	Eu não vou perder tempo tentando me encaixar com uma pessoa que não corresponde ao que eu espero que ela seja.
	Não consigo ficar solteiro(a), quase sempre as pessoas me veem engatando um relacionamento após o outro.
	Tem coisas que eu prefiro não falar e deixar para lá, com receio de que a relação acabe por causa dessa discussão.
	Um dos grandes medos que tenho é o de ficar sozinho(a) por não conseguir um relacionamento.
	Dizer "não" para alguma coisa que alguém com quem estou me relacionando me pede é algo bem difícil.
	Só dou o próximo passo em um relacionamento quando realmente sinto que "bateu a química".
	Geralmente atraio pessoas que já são comprometidas ou que demonstram logo de cara que não querem nada sério.
	Minha vida gira em torno do relacionamento e eu dou prioridade ao(à) meu(minha) parceiro(a).

Se você circulou mais itens da coluna 1:

Nesse caso, você parece ter uma consciência mais aberta e disponível sobre o que é ter um relacionamento livre, entende que ter uma relação é algo bastante desejável, mas não perde o controle da sua vida só para viver essa experiência. Você também se entrega ao amor, aproveita as boas sensações que ele provoca e desfruta delas, mas não deixa que essas emoções fiquem à frente da sua razão. Você não tem receio de passar boa parte da vida sozinho, e usa bem esse tempo para trabalhar no aperfeiçoamento pessoal. Suas decisões são mais racionais e menos levadas pela emoção. Sabe que "bater a química" pode não acontecer de imediato – e você até se dá mais chances de conhecer a pessoa se sua intuição demonstrar que há um bom potencial por ali. Você consegue usar bem sua inteligência emocional quando o assunto é relacionamento e, por isso, tem boas chances de viver uma relação saudável.

Mas é preciso atenção para algo importante: cuidado para não deixar a razão se agigantar a ponto de estragar a emoção. Tornar-se uma pessoa fria apenas o priva do afeto e de outras sensações prazerosas que uma relação a dois tem a oferecer. As pessoas não devem ser tratadas com descaso. Baixe o estado de alerta, encontre o equilíbrio e viva trocas afetivas saudáveis com a intensidade de que você gosta e que você merece.

Se você circulou mais itens da coluna 2:

É bem possível que você precise questionar mais sobre a forma como percebe, deseja e se comporta quando o assunto é relacionamento amoroso. Ter alguém para dividir a vida é um desejo de muitas pessoas, mas isso não significa que, enquanto não tiver esse alguém você vá se sentir perdido ou desamparado.

Esse medo do desamparo o fez aprender um conceito enganoso sobre o amor. Um conceito pelo qual você acha que deve valorizar a pessoa acima de si mesmo, e seu foco no outro pode parecer muitas vezes obsessivo. Comportamentos assim podem acabar na negligência de si mesmo e no abandono ou descuido de outras áreas importantes da sua vida, comprometendo seu bem-estar físico e psicológico.

Se você mantiver o grau de importância e de prioridade de ter um relacionamento a qualquer custo, lembre-se de que esse custo pode ser muito alto. E eu não estou exagerando ao afirmar que você pode estar agindo como um viciado em drogas. Afinal, a sensação de estar encantado por alguém é tão prazerosa que você sofre muito com a simples ideia de perdê-la.

É esse "vício" que o leva a subestimar suas necessidades em prol do parceiro. E a não saber estabelecer limites e tolerar comportamentos abusivos, ignorando ou negando sensações internas de baixa autoestima e autossabotagem, tudo isso apenas para manter o relacionamento, porque você não consegue ficar bem com a possibilidade de estar sozinho ou de achar que ninguém igual ou melhor pode aparecer na sua vida.

Mas, mesmo diante disso tudo, recomendo que você passe a analisar os pensamentos da coluna 1, e o que você precisaria fazer para que a maior parte das ideias que foram colocadas ali começassem a fazer parte da sua perspectiva sobre o que é se relacionar com outras pessoas.

Em outras palavras, esteja disponível para uma nova forma de amar e de manejar seus sentimentos. E você saberá que está no caminho certo se essa nova forma lhe trouxer tranquilidade, aconchego e liberdade. Afinal, esta nossa conversa, desde as primeiras páginas, é uma boa jornada de aprendizado que você já se dispôs a trilhar. Então, abra-se para a mudança, desconstrua suas antigas crenças e se refaça de uma forma mais madura e liberta!

Propor-lhe isso tudo é fácil, mas certamente não o ajuda muito a dar a passada seguinte rumo à transformação dos seus comportamentos e modo de sentir. É por isso que agora é hora de você aprender...

3 DIRETRIZES PARA AMAR DE FORMA INTELIGENTE

Quando encontramos alguém que nos interessa, vem a vontade de nos esforçarmos ao máximo para criar as condições que julgamos necessárias para que esse alguém também se interesse por nós.

Ao mesmo tempo que vem a empolgação da investida inicial, vem também o frio na barriga e uma porção de receios, por mais autoconfiante que você seja. Afinal, ninguém pode ter 100% de garantia de onde uma história de amor vai dar. Ao mesmo tempo, se você não tentar, também nunca vai saber qual será o resultado. Mas se se permitir viver essa experiência de uma forma mais inteligente, as chances de que vocês comecem um amor livre e feliz aumentam muito.

Então, é importante que essas diretrizes passem a fazer parte dos seus pensamentos a cada vez que você estiver entrando em uma nova relação, ou, se você já estiver em uma, que você possa promover as mudanças necessárias para que ela lhe dê asas e não âncoras.

1. Não permita que as experiências ruins do passado criem um bloqueio mental

Entregar-se a alguém pode ser algo assustador, dependendo das experiências que você já teve. E você acaba perdendo um tempo precioso se ficar agarrado a esses medos, com pensamentos do tipo: "E se eu for rejeitado outra vez?" "E se eu acabar em um relacionamento abusivo novamente?" Sim, é verdade que as coisas podem ser um pouco mais difíceis depois de traumas negativos, porque não queremos repetir as dores e os desgostos já vividos. Mas quando você dá vazão a esses medos, eles acabam controlando sua vida. Então, cuidado para não amarrar o passado no presente, porque, por mais que você tenha medo, eles sempre serão diferentes. Ainda que você se decepcione, será de outra forma e lhe trará outro tipo de aprendizado. Portanto, não permita que suas experiências passadas engessem seus movimentos afetivos presentes.

Ou seja, cada oportunidade de encontrar alguém (ou de tentar "consertar" uma relação em andamento) é algo completamente novo e diferente. Sendo assim, teste a realidade! Use suas experiências negativas de relacionamentos anteriores como um escudo, como fatores de atenção maior, mas não permita que elas o limitem ou impeçam de experimentar novas possibilidades amorosas. Até porque o desencontro amoroso é a regra. A surpresa é o encaixe com alguém legal.

2. Preste mais atenção em como o outro o trata do que em como você trata o outro

Não, não é para você tratar mal o outro, ou ser indiferente. Mas é comum que muitas pessoas foquem tanto na ideia de como tratar, agradar e impressionar o outro que acabam por não perceber se estão sendo bem tratados na relação. Sobretudo, não observam se há reciprocidade.

Portanto, preste muita atenção se a pessoa faz você se sentir um ser humano melhor, se comemora suas vitórias, se se preocupa com seu bem-estar e se se interessa em que você viva as coisas que são importantes para você. Em um relacionamento feliz, tudo acontece por meio das possibilidades de trocas com seu parceiro, sejam elas trocas afetivas, materiais ou de qualquer outro tipo. Mas a chave está na palavra: troca!

3. Busque sempre o equilíbrio, mesmo quando isso pareça difícil

"Para amar, desamar, amar de novo, é preciso antes... amar-se!" Toda vez que digo isso ao falar dos meus dois livros anteriores, minha esperança é que você entenda a necessidade de alcançar um equilíbrio entre sua responsabilidade afetiva na relação, e a parte que cabe ao outro. O segredo para uma base saudável de um relacionamento é quando cada um entende a necessidade de amar a si mesmo enquanto ama o outro. Então, nem você precisa colocar seu parceiro em primeiro lugar nem deve menosprezar as virtudes dele.

Quando se consegue o equilíbrio, você encontra espaço para si mesmo e para seus objetivos pessoais e profissionais que vão além do relacionamento – e, ao mesmo tempo, deseja e estimula que o outro também tenha esse mesmo espaço, ao seu lado.

• • •

Esteja em um relacionamento não porque você pensa que precisa da outra pessoa, mas porque a porta da gaiola sempre esteve aberta e você escolheu ficar. Ou é isso ou você acabará como os pássaros que meu avô criava. Quer saber que história é essa? Então, vamos juntos para o próximo capítulo.

capítulo 4
LIVRES E CONECTADOS

QUANDO CRIANÇA, EU GOSTAVA MUITO DA CASA DOS meus avós maternos. Ainda hoje, sinto o cheiro dos biscoitos que vovó fazia, assando no forno todas as vezes em que os netos estavam lá. Era uma massa fininha, que ela cortava em diferentes formatos usando uma carretilha dentada. Já meu avô adorava fazer mágica para os netos. A que mais me impressionava era a da vela. Ele a acendia, recitava um encantamento enquanto gesticulava com uma das mãos e, com uma dentada, abocanhava a vela acesa, mastigava e engolia. Era espantoso. Só vim entender o truque na adolescência, quando ele já havia falecido e mamãe me explicou o segredo. Uma artimanha simples e engenhosa que em outra oportunidade eu conto para você, leitor. Mas agora é hora de falarmos dos pássaros.

Criar pássaros em gaiolas era o *hobby* do meu avô. No beco que dava para o jardim, havia um grande viveiro com diferentes periquitos e, ao lado, uma jaula menor com um casal de galos-de--campina. Aqueles pássaros engaiolados sempre me incomodaram, mas o casal de galos-de-campina me causava um desconforto especial porque só um deles cantava. O outro, explicava meu avô, provavelmente nascera mudo.

Certa tarde, quando vovô e vovó foram tirar um cochilo após o almoço, fui até o beco e abri a porta das gaiolas. Os periquitos debandaram em alvoroço e rapidamente sumiram no mundo. O galo-de-campina que habitualmente cantava sem parar permaneceu onde estava. Já o supostamente "mudo" aproveitou a porta aberta, voou e foi se empoleirar no galho de um jambeiro na casa do vizinho. Para minha surpresa, o pássaro, que até então eu nunca vira emitir um único som, começou a cantar forte, como se chamasse seu par para acompanhá-lo naquela jornada de liberdade. Demorou um pouco até que aquele que estava "paralisado" na gaiola tomasse coragem e voasse ao encontro do outro que cantava no galho do jambeiro. Lembro que fiquei encantado vendo aquele casal de galos-de-campina, com suas cabeças vermelhas e peitos brancos, cantando juntos, antes de baterem asas rumo à nova vida que começava. Fui arrancado da beleza da cena por uma dor que me invadiu o ouvido. Vovô havia acordado e me pegara pela orelha.

Divido esse fragmento da minha infância para lhe perguntar: quando você entra em um relacionamento, ambos conseguem cantar? Ou um de vocês vive como um pássaro mudo? Se esse é o seu caso, aprenda que a situação precisa ser confortável para o casal e isso só acontece quando compreendemos que cada relacionamento é único e, por isso, necessita nascer de uma construção conjunta. Alguém sempre precisará ter a coragem de trocar a certeza que aprisiona pela incerteza do galho do jambeiro. E, do alto dessa incerteza, convidar o outro para atravessarem altos e baixos, tomarem decisões conjuntas e se comprometerem a tentar se adaptar às necessidades um do outro.

Relacionamento em que só um dos pássaros consegue cantar é lugar em que a felicidade ainda não fez moradia. Porque a felicidade só habita nas relações em que se constroem objetivos em comum, quando ambos sabem para onde querem que a convivência os leve e traçam caminhos que aquecem a alma dos dois. Mas como conseguir ser livre e ao mesmo tempo amorosamente conectado? Como não ser o pássaro que emudece ou que não percebe a mudez do outro?

A BOLHA DE CRISTAL

No início da relação, é bem mais fácil. A empolgação da novidade ajuda muito. O caso de consultório que compartilho com você agora mostra quanto essa empolgação pode, com o tempo, ir se fragmentando – mas isso não precisa significar que vocês estão perdendo a conexão.

Manuela se apaixonou por Roberto de forma súbita e recíproca. Haviam se conhecido numa casual troca de olhares (e de telefones) num fim de noite, na saída de um barzinho. Quando tiveram a oportunidade do primeiro encontro, marcado em um café após saírem do trabalho, tudo pareceu se encaixar perfeitamente. As conversas, a visão de mundo, o toque que parecia fazer correr eletricidade pela pele, os corações que batiam mais forte, quase no mesmo ritmo. Foi tudo tão intenso que a sintonia se manteve no mesmo nível por cerca de um ano. No aniversário de namoro, em um jantar regado a vinho, Roberto sacou do bolso uma caixinha de veludo com um par de alianças de noivado. Manuela aceitou de cara. Foi o ápice dessa relação. Casaram-se sete meses depois.

Após cinco meses, ou seja, com dois anos desde o primeiro encontro, Manuela está sentada na minha frente. No consultório, ela desabafa dizendo quanto ficou confusa com a rapidez com que as coisas, depois do casamento, simplesmente... desmoronaram. E, pior, ela não fazia ideia do que havia de errado na relação.

"Nós nos amamos, disso não tenho dúvida. Mas, mesmo morando na mesma casa, eu tenho sentido que estamos muito distantes um do outro. Não sinto mais nenhuma empolgação ao vê-lo, e isso é muito estranho, porque sempre senti algo muito bom a cada vez que o encontrava. Mas, depois que nos casamos, a sensação é de que somos duas pessoas vivendo vidas diferentes sob o mesmo teto."

Para Manuela, é tudo muito estranho e nebuloso. Ela não se sente sozinha, ele a trata bem, mas, nas palavras dela, "tem horas que eu não sinto que sou uma mulher casada e que ele é o meu marido". O que será que acontece nessa relação? Será que isso já aconteceu (ou tem acontecido) no seu relacionamento, leitor?

O fato é que, sim, duas pessoas que se casaram podem cair na prisão da coexistência pacífica. É quase como uma prisão invisível, como se o casal estivesse trancafiado em uma bolha de cristal. Isso acontece quando os dois se aceitam e se apoiam, existe troca e respeito, mas a conexão amorosa se perdeu. Ambos têm rotinas típicas de um casal, mas sem que de fato estejam sentindo que se relacionam emocionalmente. A união tem uma aparência de estável, mas, sem o envolvimento contínuo e sem a conexão emocional, a sensação, com o passar do tempo, é de distância entre os dois. Sem a conexão emocional, cada indivíduo se sente longe do outro e de si próprio. Nos relacionamentos, há uma máxima que deve sempre ser levada em consideração: independentemente do tempo que você está em uma relação, à medida que você se aproxima do outro, você tende a conhecê-lo melhor; porém, à medida que há um afastamento, o outro tende a se tornar alguém que você pode chegar a desconhecer.

No caso de Roberto e Manuela, a coexistência pacífica fez com que eles se sentissem como dois estranhos presos em uma bolha de cristal: dentro dela, tudo parece perfeito, mas o cristal é tão transparente que eles não conseguem perceber as paredes do cárcere.

Manuela se lembra de alguns momentos em que parecia que tudo iria voltar ao que ela considerava "normal"; porém, ela não tinha se dado conta de que esses períodos, em que ambos se sentiam mais próximos, era quando o casal estava precisando resolver problemas específicos e inevitáveis. Quando um ficava doente, ou quando os dois estavam com problemas financeiros a serem resolvidos, eles se sentiam mais unidos. Mas era só a saúde ser restabelecida e as finanças ficarem em ordem para que a sensação de afastamento reaparecesse.

De fato, há muitos casais que, inconscientemente, se concentram em seus relacionamentos apenas quando precisam superar alguma dificuldade, e, uma vez que essas situações se resolvem, cada um volta a atenção para seus interesses individuais. É mais um sinal da perda de conexão amorosa, aprisionados pela bolha de cristal da coexistência pacífica.

Manuela e Roberto tiveram de se redescobrir como casal. Com a ajuda da terapia, foram identificando em quais áreas precisavam prestar atenção para restabelecerem a conexão perdida e, juntos, quebrarem a bolha de cristal para voltarem a sentir o calor do verdadeiro amor.

Como já disse, cada relacionamento é único e tem suas particularidades. Mas vejamos, em linhas gerais, o que Manuela e Roberto fizeram para sair dessa situação. Talvez observar o caminho deles lhe sirva como pontos de reflexão para que você o adapte de modo a encaixar nas necessidades da sua relação.

- **Eles passaram a falar mais sobre seus sentimentos, olho no olho**

Nossa humanidade sempre foi estabelecida pelo contato presencial, cara a cara. Talvez por isso nem todo mundo tenha conseguido se adaptar à vida por meio das videochamadas. Isso porque, na verdade, você não está conversando com a pessoa. Você está interagindo com a imagem da pessoa. Uma representação digitalizada numa tela da realidade de quem está do outro lado. Se nosso consciente considera isso uma bobagem, nosso inconsciente pensa exatamente o contrário.

Os textos apressados, *e-mails* e mensagens instantâneas ajudam muito na interação, mas ela não afeta tão positivamente seu cérebro quanto a comunicação cara a cara. É bacana receber um "eu te amo" na notificação do telefone ou um áudio apaixonado de saudade. Mas se vocês raramente têm tempo para se observarem cara a cara, há algo na conexão que não fica bom o suficiente para que ambos continuem se sentindo amados. Isso abre espaço para o distanciamento afetivo do casal.

Fazendo uma rápida avaliação de si mesmo e da forma como você se comporta nos seus relacionamentos, pare, pense e responda: você tem o hábito de prestar atenção no rosto e nas expressões das pessoas que mais ama, como pais, filhos, marido, esposa, amigos? Você tem mesmo certeza de que, após uma conversa com essas pessoas, é capaz de descrever a forma de olhar, o sorriso, a postura corporal, o gesticular das mãos, o hábito de arrumar os óculos ou de alisar os cabelos? Ou será que seu contato já é algo tão "automático" e que o máximo que você consegue é ter uma percepção genérica das pessoas que ama?

Isso pode parecer um detalhe, mas é importante porque tudo o que você vê, ainda que inconscientemente, expresso ou impresso no jeito do outro atua no relacionamento e nos seus sentimentos. Pense nisso.

- **Eles se comprometeram a passar o tempo juntos com mais qualidade**

Repare que não estou falando de quantidade de tempo, mas de qualidade. Nem sempre a rotina permite, mas quando Roberto e Manuela se comprometeram a buscar um momento para estarem genuinamente juntos, sem se dividirem com dispositivos eletrônicos individuais ou preocupações com trabalho ou tarefas domésticas, a conexão foi reaparecendo de forma gradativa.

Nesse tempo de qualidade, eles aproveitavam para trocar afetos e olhares na hora do jantar, ficaram alertas para se conectarem ao compartilharem uma série de TV (mesmo que só tivessem tempo de assistir a dois episódios por semana) e pelo menos uma vez por mês se comprometeram a fazer algo que nunca tinham feito antes: cozinhar um prato diferente, ir a um restaurante novo, viajar para um lugar que não conheciam, participar de reuniões de clubes, praticar alguma atividade nova... Isso é importante porque, quando você se dispõe a dividir com quem ama novas experiências, isso cria um novo impulso de conexão amorosa.

- **Eles se comprometeram a manter a intimidade acesa**

Se você pensou em sexo ao ler esse tópico, está certo. Mas se pensou no sexo como o conhece, naquela forma quase roteirizada, aí errou feio. Como eu disse em *Amar, desamar, amar de novo*, o sexo no relacionamento, a longo prazo, vai deixando de ser mais burocrático e vai tomando formas diferentes. E o toque, que sempre foi usado para estabelecer conexões humanas, deve estar presente o tempo todo, muito mais que apenas no ato sexual que envolve penetração e gozo. O contato afetuoso, o abraço, o beijo, o dar as mãos, o cafuné, tudo isso é igualmente importante para manter a intimidade física viva e radiante. Cada oportunidade de tocar o parceiro, ainda que seja da forma mais despretensiosa, comunica bastante os sentimentos tão necessários para conservar o casal conectado.

Em outras palavras, manter a intimidade acesa significa tirar da cabeça que sexo está necessariamente ligado aos genitais, porque não está, e aprender a acessar o erótico. Mas, por menos que pareça, nos permitirmos isso pode ser assustador, pois implica baixar as armas, tirar as armaduras e se derreter para e com o outro.

Além desses compromissos, a questão mais importante a ser trabalhada entre eles foi... a comunicação. Por isso, deixei esse aspecto por último, para que eu pudesse aprofundar melhor um assunto tão fundamental quando tratamos de amor e liberdade.

A COMUNICAÇÃO QUE MANTÉM A CONEXÃO

Pode parecer clichê, mas é impossível negar que uma boa comunicação é a melhor chave para um relacionamento sem prisões, visíveis ou invisíveis. E comece entendendo o seguinte: comunicar-se é muito mais que só trocar informações. É aprender a emitir e entender a emoção e as intenções por trás de cada palavra ouvida ou falada.

De um modo geral, as pessoas tendem a acreditar que se expressam muito bem, mas a verdade é que elas falam muito, mas se comunicam bem pouco. Isso porque, desde quando a gente nasce, nos ensinam uma porção de coisas: a escovar os dentes, comer, tomar banho, a sermos educados, a respeitarmos as regras sociais... Mas ninguém ensina como comunicar nossas emoções, como transmitir adequadamente as coisas que a gente sente! E quando você não aprende a comunicar os sentimentos, é bem mais difícil organizá-los, e a relação que você tem consigo mesmo e com os outros fica bastante complicada. E isso, claro, pode se refletir na dinâmica do seu relacionamento.

E tente me entender com jeito. Comunicar não é berrar sua raiva, chorar seu desespero ou cobrar comportamentos que lhe são devidos. A verdadeira comunicação acontece quando você consegue, por meio das coisas que sente, estabelecer uma ligação dialógica entre você e o outro. Traduzindo de forma simples, seria conseguir compartilhar seu universo (seja sua parte de sombra, seja sua parte de luz) sabendo receber o universo do outro, encontrando o que ambos têm em comum. E se não tivermos nada em comum? Para, bebê! Pare porque sempre tem algo em comum. Nem que seja a imperfeição e a fragilidade humanas. Porque delas ninguém escapa.

Por isso, quando a comunicação eficaz acontece, vocês se sentem mais seguros e felizes na relação. Porque surge um espaço de liberdade para que sejam quem realmente são. E, por mais instintivo que possa parecer o ato de se comunicar, o espaço que cada um precisa ter para se expressar, ser ouvido e ouvir numa relação é algo a ser construído pelo casal, mantido e reajustado de tempos em tempos. Nesse sentido, apenas estabelecer uma boa comunicação e se acomodar nela não é suficiente, porque a boa comunicação é filha da adaptação e da prática constantes.

COMO ANDA SEU JEITO DE SE COMUNICAR?

Para que você se comunique bem, é preciso que sua comunicação alterne entre quatro pilares: pedir, dar, receber e recusar.

E aí é que tá: tem gente que só consegue ficar fixado num único tipo de pilar da comunicação. E isso é sempre muito problemático. Quer um exemplo? Quando alguém no relacionamento sabe dar muito, mas nunca sabe recusar nada. Gente que nunca sabe dizer não aos pedidos do outro – mesmo quando gostaria ou precisaria. É como se essa pessoa se pusesse na posição de um cesto, bem grande, onde o outro pode colocar tudo de bom e tudo de ruim. Observe que nessa dinâmica falta respeito e limites na relação. E esse comportamento existe porque quem age assim vive esperando decepcionar a pessoa amada, e para isso se mantém no papel da pessoa boazinha que nunca recusa nem pede nada. Esse é só um exemplo de como uma comunicação mal estruturada pode fazer estourar um problemão mais para a frente.

De fato, é preciso ter a coragem de abandonar muitas coisas que a gente aprendeu com nossos pais e com a sociedade. Porque em geral nos ensinam que as pessoas nunca podem ser honestas a respeito das coisas que querem e sentem. E não, não estou propondo que vivamos um "sincericídio". É óbvio que não podemos sair por aí dizendo tudo o que queremos ou pensamos, a qualquer hora e de qualquer jeito ou a qualquer pessoa. As "mentiras sociais" são o cimento que une as pedras do nosso convívio em coletividade. É absolutamente desnecessário e hostil dizer tudo o que se pensa a respeito de todos. O problema é quando a gente leva esse comportamento que chamei de "mentiras sociais" para a comunicação no relacionamento afetivo.

Aí complica. Porque honestidade na comunicação de um casal é a base para se estabelecer confiança e manter a relação firme.

Então, é preciso que você aprenda a perceber a verdade dos seus sentimentos, para, aí sim, saber oferecer ao outro sua verdade. Do mesmo modo, é preciso saber acolher a verdade desse outro, às vezes pedindo, às vezes dando, às vezes recebendo e às vezes recusando.

E não confunda ser honesto na relação com ser rude, estúpido ou grosseiro com quem você diz amar. Não use a desculpa do "estou sendo honesto" para disfarçar e vomitar suas raivas ou ressentimentos. Quem pega esse caminho certamente leva a relação para o abismo. O que quero que você entenda é que amar de forma livre significa também aprender que é possível expressar seus desejos e sentimentos de maneira clara, independentemente de eles serem positivos ou negativos, de atenderem ou não às expectativas do outro, sem precisar ferir nem ofender propositalmente seu par. É assim que, na relação, você vai conquistando o espaço necessário para ser você mesmo, mas sempre estando aberto para negociar soluções, rever pontos de vista e até mesmo ceder em alguns aspectos, quando for preciso e justo.

E aqui vale um alerta: não se surpreenda nem sofra se, quando você começar a dizer o que quer ou não quer, aquilo de que gosta ou desgosta, o que aceita ou repudia, você passar a ser chamado de egoísta, individualista, de pessoa fria e desalmada.

Pois é, não é tão fácil nem tão simples começar a se amar tanto quanto ama o outro e dizer o que está sentindo. E não estou falando em se amar de forma egocêntrica ou narcisista, pensando coisas do tipo: "Eu sou o melhor, sou o mais inteligente, o mais importante". Não, não é isso. Eu me refiro a você se amar com bondade, com cuidado, com tolerância e honestidade consigo mesmo.

Então, comece essa transformação na sua forma de expressar o que sente, aprendendo simplesmente a dizer palavras como: "sim", "talvez" e "não". "Sim eu topo", ou "É, talvez eu faça isso que você tá me pedindo", ou "Não, hoje eu não estou a fim, espero que você compreenda". E dizer isso sem se sentir culpado e sem ficar com medo de ser rejeitado.

E posso concordar com você que aprender a dizer "não" é algo muito difícil para muita gente, porque mexe com duas necessidades que o ser humano tem: a necessidade de se autoafirmar e a necessidade de aprovação. O problema é que essas duas necessidades são opostas! Quando arrisco me autoafirmar dizendo não, eu de fato me arrisco a não obter a aprovação do outro.

Então, se você acha que é uma pessoa que precisa muito ter a aprovação do outro, ou precisa achar que tem, você vai encontrar muita dificuldade para dizer não. Numa relação, o outro não deve "aprovar" você, e sim aceitá-lo como é. Senão, não dá para chamar isso de relacionamento, não é?

ACEITAR O OUTRO COMO ELE É: O QUE ISSO SIGNIFICA?

Muitas pessoas confundem aceitar o outro com ser permissivo, concordar com tudo, tolerar comportamentos abusivos ou falta de consideração e respeito. Para que você entenda o verdadeiro significado do que seja aceitação, e não fique preso na armadilha do "quem ama tudo suporta", deixe-me lhe propor uma historinha.

Imagine que você se sente só e resolveu criar um cachorrinho. Então, você vai a uma feira de adoção, procura um cãozinho, se apaixona por ele. Você o leva para casa e pensa que será a pessoa mais feliz do mundo, pois nunca mais estará sozinho ou sozinha.

Só que aí, já em casa, você descobre que o cachorro solta pelo, suja a sala inteira, rói os móveis e destrói, faz xixi e cocô onde não deve, late (quem esperaria isso de um cachorro?) e o barulho o incomoda. Pior, você tem de sair para passear, tem de levá-lo para banho e tosa, ainda que esteja sem vontade. Então você pensa: "Não, eu não suporto esse cachorro".

Penso que você já entendeu o que estou querendo dizer. É da natureza do cachorro soltar pelos, latir, roer coisas quando é pequeno, precisar passear, não aguentar ficar trancado dentro de casa, necessitar de atenção e cuidados. Pois bem, não adianta você querer mudar a natureza do cachorro. Da mesma maneira, quando você ama alguém, esse é um grande erro que cria prisões e destrói os relacionamentos: tentar mudar a natureza do outro.

"Quer dizer que eu tenho de aceitar tudo o que o outro faz sem reclamar de nada?" Para, bebê! Não é isso que estou dizendo. Até porque há coisas em um cachorro que vão mudar na interação com você. Ele vai aprender que não pode roer os móveis, qual é a área da casa para fazer o cocô e o xixi, vai se habituar a esperar o horário em que você colocará a comida. Ele mudará em vários aspectos. Mas a natureza canina de latir, ao lado de uma série de outras coisas que dizem respeito ao cachorro, isso não muda. Conosco, humanos, é a mesma coisa. Cada um tem uma "natureza". Não somos clones uns dos outros.

Por isso, é preciso aceitar, e às vezes até mesmo tolerar, a natureza do outro. E da aceitação nasce o compromisso. Entretanto, se essa natureza do outro for intolerável para você, não haverá compromisso. Você não vai criar um cachorro e, talvez, querer trocá-lo por um peixe que ficará no aquário, bonitinho e sossegado. Ainda assim, você precisará limpar o aquário, alimentar o peixe, ligar a bomba de oxigenação da água.

Respeitar a natureza da pessoa com a qual você resolveu viver é algo do qual não dá para fugir. A pergunta é: com qual natureza você se identifica mais? E agora você deve estar se perguntando: mas qual é o limite dessa aceitação? Se você pensar no exemplo do cachorro, a resposta fica fácil.

Aceitar que um cachorro vira latas é respeitar e tolerar a natureza dele. Que ele possivelmente o ataque e o morda, não. Porque, na teoria, não é da natureza de um cachorro doméstico atacar o tutor. Em outras palavras, você vai tolerar até o momento em que a natureza de vida daquela pessoa não esmagar sua própria natureza e o destruir física, moral ou psicologicamente.

Por exemplo: vamos imaginar que você mora com uma pessoa que resolveu lhe propor uma relação aberta. Isso pode perfeitamente estar de acordo com a natureza dos valores e crenças de quem fez a proposta. Entretanto, caso essa ideia fira sua natureza, a natureza do outro o estará abocanhando como um cão feroz, e isso é intolerável. É essa diferença que você precisa identificar.

Em outras palavras, se você é um gato e vive com um cachorro (e sim, gatos e cachorros podem viver bem quando são treinados para isso), você não deve esperar que o cachorro comece a miar, e nem precisa começar a latir. Ambos têm de tolerar e aceitar a natureza um do outro.

LIBERDADE SEMPRE IMPLICA RENÚNCIA

É importante que você tome consciência de que ser livre para dizer o que sente de verdade implica renunciar à certeza de que você vai ter a aprovação do outro. É por isso que muitos adultos acabam expressando esse comportamento infantil de só dizer sim para tudo e depois ficam com raiva.

Além disso, quem tem dificuldade em dizer não muitas vezes também tem dificuldade de escutar um não. Quem sempre diz sim, mesmo sem estar com vontade, espera que o outro faça a mesma coisa. Aí, quando escuta um não... Nossa, isso vira uma mágoa do tamanho do mundo. Aprenda que você pode dizer não, mas também precisa saber escutar um não. E isso não precisa destruir sua autoestima nem o carinho que você sente pelo outro!

Também é fundamental aprender a se responsabilizar. E isso quer dizer descobrir que eu nem sempre sou responsável pelas coisas que acontecem comigo, mas sou sempre responsável pela forma como respondo às coisas que me acontecem ou pela forma como me comporto diante delas. Por isso, se acontecer algo na relação que o convide a sentir raiva, mágoa, tristeza, rancor, coisas assim... simplesmente não aceite o convite.

Porque, seja lá o que o outro faça ou diga, o comportamento dele será sempre externo a você e seus sentimentos terão a ver com a forma como você lê o mundo à sua volta. Se alguém o ofender com um sorriso no rosto e falando em russo, a menos que compreenda a língua russa, você provavelmente se sentirá acolhido. Do mesmo modo, se alguém lhe recitar um poema de amor em chinês, gritando e fazendo cara de bravo, você talvez sinta emoções bem negativas. Ou seja, a questão sempre está na forma como decodifico os fatos ao meu redor.

E, sim, todos os dias acontecerão coisas que nos convidarão ao desequilíbrio emocional. A solução é tentar parar de mudar o mundo e mudar minha forma de sentir e reagir a esse mundo. Ou seja: eu só posso mudar meu mundo interior. Então, não deixe nenhuma situação definir você. Não deixe que nada o encha de ódio, de mágoa, de rancor ou de medo. Você precisa aprender a se responsabilizar pelo que sente e por suas reações. Então, arrisque-se e diga: "Não, eu não aceito o convite que você ou a vida está me fazendo para a gente brigar"; "Não, eu não aceito seu convite para que eu perca meu equilíbrio emocional".

E rejeitar esse tipo de convite está muito relacionado a saber dizer o que você sente, sem necessariamente ter de se confundir ou se misturar com os sentimentos ou comportamentos do outro. Até porque se você muda sua forma de se comportar e de se expressar diante das coisas que o outro faz, em algum momento o outro vai mudar o jeito dele também. É impossível fazer as coisas de um jeito diferente e ter um resultado igual.

Para dizer o que sente, você também precisa aprender a não se trair. Tem muita gente que, quando pensa em fidelidade, pensa sempre na obrigação de ser fiel ao outro. E, de fato, é importante eu me comportar com o outro da forma como eu disse que me comportaria. Mas eu não vou conseguir ser fiel ao outro se não for, antes, fiel a mim mesmo. Não adianta eu dizer ou prometer coisas ou comportamentos que não têm nada a ver comigo, porque vou entrar em um conflito existencial e terei de escolher entre trair o outro ou trair a mim mesmo. E muitas vezes a gente se trai, mentindo sobre o que realmente sente ou quer, por medo de perder a relação com o outro. E isso, sem que você perceba, acaba transformando a relação em uma silenciosa prisão.

Então, é hora de amadurecer, entendendo que a fidelidade a mim e ao outro precisam andar de mãos dadas. Até porque quando se trai você condena ao fracasso sua relação com o outro, pois começa a não se amar e ainda passa a acusar o outro de não escutá-lo, de não compreendê-lo, de nunca concordar com você, e por aí vai. Para mim, essa é uma das grandes revoluções libertadoras que você pode fazer: descobrir a honestidade, ou desonestidade, que existe na ligação entre sua relação com o outro e com você mesmo.

Portanto, se você quer amar e ser livre, trate de melhorar ou amplificar a verdade da forma como se relaciona com você. Seja uma boa companhia para si mesmo (e consequentemente para o outro), pois é com você mesmo que vai ter de dormir e acordar todos os dias, sem direito a nem um minuto de separação, até que seu coração pare de bater. Por isso, comece a ser transparente e diga o que sente de verdade, ainda que isso possa soar estranho para os outros ou para a sociedade, pois o que realmente importa é estar vestido da mais pura verdade. Na relação, e na sua vida, é fundamental manter a coerência entre o dizer e o viver.

O quadro abaixo contém sete características de uma pessoa que tem boas habilidades de comunicação. Verifique quais delas sente que já habitam em você e sublinhe as que acha que **ainda não possui**.

AS 7 CARACTERÍSTICAS DE UMA COMUNICAÇÃO LIVRE E EFICAZ

1. Você se respeita e respeita o outro na escolha das palavras e na forma de expressar suas emoções.

2. Seu maior objetivo ao se comunicar é sempre conseguir extrair de si mesmo e do outro o que há de melhor.

3. Você consegue sentir que está sendo você mesmo.

4. Você se sente seguro para expressar coisas que lhe incomodam sem medo da reação do outro.

5. Você é capaz de resolver conflitos sem apelar para a humilhação, a degradação ou insistir em estar certo.

6. Você dá espaço para que o outro possa falar sobre o que sente também.

7. Você é capaz de concordar em discordar.

Agora, observando as características que você reconhece que ainda não possui, escreva a seguir o que você precisa e como fará para desenvolvê-las.

MINHAS ESTRATÉGIAS PARA MELHORAR A COMUNICAÇÃO

DIGA O QUE VOCÊ SENTE — E OUÇA TAMBÉM!

Nem sempre é fácil falar sobre aquilo de que você precisa ou que você sente. Às vezes, antes de falar sobre algo dos nossos sentimentos (e quando é possível), passamos um bom tempo pensando na forma como vamos comunicar isso ao outro. Porque ao falar sobre o que sentimos ou sobre o que precisamos, queremos ter a certeza do acolhimento e da aceitação. E isso faz nossa cabeça imaginar todas as possíveis reações da pessoa amada. E como nesses casos tendemos a fantasiar os piores cenários, isso pode nos paralisar.

Outro costume nada bom, e bem frequente na comunicação de um casal, é pensar que o outro já sabe – ou ao menos tem uma boa noção – do que você está sentindo, pensando ou do que está precisando. Se você joga nesse time, para, bebê! Pare porque, por mais que vocês se conheçam, o outro não é um adivinho e muito menos tem bola de cristal. Mesmo que esteja certo de que o outro já tem noção do que você vai falar, e que por isso você não precisa falar, ignore esse sentimento. Ao fazer isso, você será livre para expressar de forma assertiva e clara suas emoções e necessidades.

Também evite transformar o diálogo do casal em um quebra-cabeça em que o outro já teria algumas peças e só restasse a você completar as lacunas. Até porque pode ser que o quebra-cabeça que o outro pôs na mesa a seu respeito não corresponda exatamente ao que se encaixaria nos espaços que você quer que sejam preenchidos. Lembre-se de que as pessoas mudam, as necessidades mudam, e o que você sentia ou o que precisava há dois ou três anos não é mais o que você sente hoje. E a mesma lógica vale para a pessoa que você ama.

Então, nada de dizer frases do tipo: "Você sabe muito bem do que eu estou falando", ou "Você já me conhece a tempo suficiente para saber o que minha cara quer dizer", ou "Você sabe perfeitamente o que eu estou sentindo". Ou seja, não transforme a comunicação de vocês em um jogo. Problemas de interpretação dessa comunicação "enigmática" podem fazer com o que o outro até se desinteresse por resolver a questão e, pouco a pouco, as coisas que vão sendo emudecidas criam abismos intransponíveis e aprisionantes. Então, cultive o hábito de sempre dizer exatamente o que sente, da forma mais clara possível, lembrando-se de que, numa relação, o problema raramente é o que a gente fala, mas todas as coisas que deixamos de dizer.

Da mesma forma que você precisa saber transmitir o que pensa ou sente, você deve desenvolver por igual a capacidade de ouvir o outro. Para isso, tem de ter empatia suficiente para entender que, ao ouvir o que a outra pessoa tem a dizer, ela, assim como você, vai se sentir acolhida, valorizada e compreendida. E, ao contrário do que algumas pessoas pensam, ouvir de forma empática e receptiva não significa estar de acordo. Significa acolher o que o outro sente, misturar com suas ideias e resolver os itens em que houver conflito, por meio da busca de pontos de vista em comum. Isso, além de libertador numa relação, é muito importante para fortalecer a conexão entre vocês.

Entretanto, ouvir vai além de apenas ficar calado e deixar a outra pessoa falar. De modo geral, mas sobretudo quando pensamos em relacionamento amoroso, tão importante quanto as palavras é a entonação da voz, o jeito como o outro olha para você enquanto fala, as expressões faciais e por aí vai. Há vários sinais não verbais que, quando percebidos, ajudam a comunicação a se fazer de forma mais eficaz. Vamos entender alguns deles?

QUANDO O CORPO TAMBÉM FALA

Muito da comunicação sobre o que estamos querendo ou sentindo não acontece de forma direta, pela fala. Esses são os chamados sinais não verbais. Ou seja, até mesmo quando você está em silêncio, se alguém o observar com atenção verá que seu corpo está comunicando alguma coisa.

Há diferentes tipos de comunicação não verbal ou de linguagem corporal. Vejamos alguns deles:

EXPRESSÕES FACIAIS. Felicidade, tristeza, raiva, surpresa, medo e nojo são as mesmas em todas as culturas. Usar o rosto para expressar sentimentos é uma linguagem universal.

MOVIMENTO E POSTURA CORPORAL. Comece a reparar mais em como o outro se senta, anda, fica de pé ou segura a cabeça enquanto você fala. Da mesma forma, observe o que sua postura lhe comunica sobre seus sentimentos. A maneira como cada um se move e se comporta transmite uma série de informações complementares ao que está sendo dito. E aqui incluímos os movimentos sutis e as tensões corporais.

GESTOS. Tem gente que é conhecida por usar excessivamente as mãos ao discutir ou falar, acenando, apontando ou fazendo uma série de gestos sem pensar. Nesse caso, só é preciso ter certo cuidado com a questão cultural. Lembre-se de que o sinal de juntar o indicador com o polegar e manter os outros três dedos em pé, pode ser "OK" em alguns países, mas também pode ter uma conotação ofensiva (isso acontece, por exemplo, aqui no Brasil). Portanto, os gestos sempre devem ser usados, ou lidos, considerando a cultura da outra pessoa.

TOQUE. Você provavelmente sente o que se quer transmitir com um aperto de mão mais forte ou mais fraco, um abraço caloroso ou um tapinha nas costas. E tem gente que quer sempre chamar a atenção para o que diz tocando no outro o tempo todo.

ESPAÇO. Você já se sentiu desconfortável durante uma conversa porque tinha a sensação de que o outro estava invadindo seu espaço? O espaço físico é importante também para que a comunicação possa se estabelecer. E essa questão espacial pode transmitir intimidade, afeto, agressão ou tentativa de domínio.

VOZ. Não é apenas o que você diz, é como você diz. Além das palavras, também são considerados o tempo, o ritmo da fala, o volume, a entonação e aqueles barulhinhos de "ah" e "hã-hã". O tom de voz também pode indicar sarcasmo, raiva, afeto ou confiança.

CONTATO VISUAL. Pense que a maneira como você olha para alguém, ou é olhado por esse alguém, pode comunicar diferentes coisas. Pode ser um olhar de amor, acolhimento, ternura, paixão, mas também pode ser comparação, julgamento, ameaça, arrogância, falsa superioridade, impaciência, e por aí vai. Seja um olhar positivo ou negativo, lembre-se de que o modo como o outro olha para você nem sempre é a melhor lente para que você se perceba. Por isso, em circunstâncias negativas que ameacem a conexão de vocês, é preciso que você se distancie para enxergar melhor a si mesmo, o outro e o contexto da situação. Se você tiver dificuldades para ter uma visão de fora de sua relação, peça a ajuda de um amigo, de um familiar ou de alguém confiável que esteja à parte, mas que possa, de fato, fazer as pontuações necessárias. Às vezes, um olhar externo é mais capaz de apontar onde as coisas estão fora do eixo.

Ou seja, é importante estar atento ao que os corpos falam numa conversa, porque só assim você vai ser capaz de se enxergar melhor na relação e sustentar suas decisões e escolhas. Isso é parte importante da liberdade que você precisa preservar no seu relacionamento.

Também é fundamental lembrar que, numa relação a dois, quanto mais tempo de convivência houver, mais fácil vai ser captar mutuamente esses sinais, e isso contribui muito para que haja uma comunicação eficaz. Mas atenção: tenha cuidado para que sua percepção dos sinais corporais não acabe por levá-lo para o jogo do "já entendi" ou "nem precisa falar porque sei do que se trata". Como já foi dito, achar que se sabe sobre os sentimentos do outro é um veneno para a relação.

Ao contrário de adivinhar, observar a linguagem não verbal serve para complementar e certificar o que está sendo dito. Por exemplo, quando você pergunta "Está tudo bem?" e o outro diz "Está, sim", e ao mesmo tempo demonstra uma testa franzida e um olhar angustiado, fica claro para você que essa comunicação é incongruente. Outro exemplo bem comum é quando alguém diz "Sim, eu estou entendendo", mas expressa o olhar de quem se sente confuso.

Essa diferença entre o discurso falado e a comunicação não verbal muitas vezes faz com que você desconfie da pessoa, porque ela pode emitir sinais dúbios de que não está sendo sincera – ou de que não está ouvindo-o adequadamente. De fato, essa desconfiança pode ter sentido de ser. Mas a incongruência entre fala e expressão corporal pode significar inúmeras outras coisas, inclusive que os sentimentos da pessoa que está falando não estão claros para ela própria. Por isso, reforço, nada de adivinhações.

Assim, quanto mais você entender como usar seu corpo para melhorar sua comunicação, mais oportunidades de estabelecer uma conexão firme e libertadora com a pessoa que você ama surgirão.

O pesquisador Edward G. Wertheim, da D'Amore-McKim School of Business, nos Estados Unidos, em sua pesquisa "A importância da comunicação eficaz", definiu cinco papéis que geralmente são identificados em uma comunicação não verbal, listados a seguir.

- **REPETIÇÃO.** Ocorre quando a pessoa tem o comportamento de repetir sua ideia várias vezes durante o mesmo discurso, para passar a impressão de estar fortalecendo a mensagem que está transmitindo verbalmente.
- **CONTRADIÇÃO.** Se dá quando a pessoa acaba se confundindo e se contradizendo na mensagem que está tentando transmitir, gerando desconfiança em quem está ouvindo.
- **SUBSTITUIÇÃO.** Pode substituir uma mensagem verbal. Um bom exemplo é a expressão facial, que em geral transmite uma mensagem muito mais intensa que apenas as palavras.
- **COMPLEMENTAÇÃO.** Pode adicionar ou complementar uma mensagem verbalizada. Por exemplo, um chefe que coloca a mão no ombro de um funcionário depois de elogiá-lo. Isso pode aumentar bastante o impacto desse elogio em quem o recebe.
- **ACENTUAÇÃO.** Pode acentuar ou sublinhar uma mensagem verbal. Por exemplo, quando alguém bate na mesa, ao impor alguma coisa. Isso é capaz de enfatizar a importância da mensagem que essa pessoa quer passar.

O TESTE DA COMUNICAÇÃO

Agora é hora de colocarmos em prática todas as questões deste capítulo. Vamos testar como anda a comunicação entre vocês. Sim, o exercício é para casais, mas nada impede que ele seja adaptado para uma conversa entre amigos ou familiares.

Este exercício é inspirado em técnicas comumente utilizadas em terapias de casal. Mas, mesmo sendo executado sem o acompanhamento de um profissional, ele pode contribuir bastante para que vocês consigam descobrir qual é a melhor forma de se comunicarem um com o outro, onde podem estar as lacunas e de que maneira vocês estão se expressando.

É bom lembrar que os exercícios têm o objetivo de dar um direcionamento, de criar questões para que vocês possam refletir, mas eles não foram feitos para substituir um acompanhamento profissional. Até porque, em muitos casos, os casais têm outras dificuldades ocultas com as quais só é possível lidar em uma psicoterapia.

Vocês só vão precisar de um cronômetro ou *timer* de cozinha (ou pode ser o *timer* do aplicativo do celular), duas cadeiras, papel e caneta (para o caso de quererem anotar alguma coisa).

FASE 1
Observação

De início, sentem-se um de frente para o outro. O local deve preferencialmente ser um ambiente tranquilo, silencioso, relaxante e sem interrupções. Pode ser o quarto do casal, por exemplo.

Programem o *timer* para cinco minutos.

O exercício é simples: mantenham contato visual por cinco minutos, sem desviar o olhar. Não, não é algo fácil, pois a partir daí sentimentos e pensamentos internos podem aparecer.

FASE 2
Discussão

Assim que o *timer* tocar, coloque novamente um tempo de três minutos. Definam entre vocês quem vai falar primeiro.

Durante o tempo do *timer*, o parceiro da vez tem a oportunidade de verbalizar o que está pensando e sentindo sem nenhuma interrupção. Também é preciso que quem estiver falando apague a luz vermelha da censura interna e diga livre e honestamente o que lhe vier à cabeça. Aqui está um roteiro de perguntas sugeridas. Esse roteiro, além de não ser fixo, pode e deve ser modificado de acordo com as particularidades de cada casal ou com a problemática que esteja sendo enfrentada. O exemplo de substituição que darei na primeira pergunta vale para todas as outras.

- Que pensamentos, sentimentos ou lembranças lhe vieram à mente nesses cinco minutos em que nos olhávamos?

(Essa pergunta de abertura pode ser reformulada e dirigida a um problema específico do casal. Por exemplo: Que pensamentos, sentimentos ou lembranças lhe vieram à mente a respeito do convívio com minha mãe, sua sogra, nesses cinco minutos em que nos olhávamos?)

- O que lhe provocou desconforto (ou foi prazeroso) ao ficarmos nos olhando?
- Quais foram as sensações corporais? Foram positivas ou negativas?

Durante esse primeiro tempo, quem escuta precisa se policiar para responder a quem fala usando APENAS expressões não verbais que transmitam empatia, compreensão, acolhimento e encorajamento.

FASE 3
Repetição

Agora, a pessoa que ouviu a outra por três minutos não vai se manifestar sobre o que ouviu: ela apenas vai tentar repetir tudo o que entendeu que o outro estava querendo lhe dizer. Isso é muito importante, porque sempre temos certeza do que estamos dizendo, mas não possuímos nenhum controle sobre o que o outro escuta.

Nessa fase, a pessoa que falou na fase 2 só poderá intervir quando aquela que a escutou terminar de repetir o que entendeu.

Logo em seguida, a pessoa que falou na fase 2 pode comentar sobre as expressões faciais que o ouvinte fez enquanto falava, e como ele se sentiu com essa comunicação não verbal. O casal processa a experiência toda, discutindo (e anotando, se sentir necessidade) observações, sentimentos e ideias que surgiram. Esse momento é interessante, porque é possível identificar falhas tanto na comunicação verbal quanto na não verbal.

Cada parceiro, então, irá inverter os papéis e refazer as atividades das fases 2 e 3, para que ambos tenham a mesma oportunidade de praticar as habilidades de comunicação.

. . .

Agora que falamos da importância de se estabelecer uma boa conexão comunicacional para que as sementes da liberdade brotem e tenham raízes profundas, vale outra pergunta: nas suas relações, você consegue ser livre para fazer as escolhas de que gostaria? Vire a página e vamos descobrir juntos a resposta.

capítulo 5
LIBERDADE PARA ESCOLHER

VIMOS QUE A COMUNICAÇÃO É UMA DAS FERRAMENTAS fundamentais para estabelecer uma boa conexão e assim fazer brotar as sementes da liberdade.

Diante disso, independentemente de suas crenças, existe uma coisa que é inquestionável: sua vida presente só será vivida uma vez. Sendo assim, vale a pergunta: nessa sua existência, você tem conseguido ser livre para fazer as escolhas afetivas que gostaria? Mais que isso: quanto da sua liberdade é engolida pelo seu medo?

Revendo alguns vídeos do meu canal no YouTube, deparei-me com um intitulado "Medo de casar", no qual falo sobre quem sofre de gamofobia (pessoas que tremem nas bases só de ouvirem a palavra casamento), e me chamaram a atenção alguns comentários, os quais divido aqui com vocês, para pensarmos juntos.

> Acho que casamento é um só. Tudo o que vier depois de uma separação é tentar não ficar sozinha.
> **Xavier**
>
> Eu descobri que tenho medo de casar depois que meu namorado me pediu em casamento. Logo de cara, fiquei feliz. Depois que foi caindo a ficha, me bateu um medo, uma angústia e muitos "e se?": E

se depois que eu casar me arrepender? E se eu não der conta da vida de casada? E se? Esses tais "e se?" puseram tudo a perder. Numa conversa que tive com ele disse que era cedo, que deveríamos esperar mais. Ele não gostou, mas disse que esperaria o tempo que fosse preciso. Como era um relacionamento a distância, não deu muito certo e coloquei tudo a perder. Acho que casamento é uma coisa muito séria, não é brincadeira, e eu sei que, se eu me casar, vai ter que ser pra vida toda.

Rodrigues

Você acaba de esclarecer de onde vem esse meu medo de dar um passo à frente no meu relacionamento. Fui casada por 13 anos, vivi um relacionamento abusivo. Estou ainda traumatizada. Eu não sabia que existia um nome para esse medo, na verdade eu nem sabia que esse medo existia.

Lacy

Desde muto jovem, minha mãe me cobrava um casamento, e eu passei muito tempo só pensando como eu iria fazer pra resolver aquela situação. Juntei as escovas com um homem que achava que amava, mas foi muito frustrante perder minha liberdade. Enfim, como o amor não supera tudo, nos separamos. Ele veio muitas vezes atrás de mim, mas não voltei. Mesmo o amando, sabia que não conseguiria casar novamente.

Oliveira

> Eu tenho gamofobia. Não tenho problema em ter um relacionamento, posso ficar com a pessoa o resto da vida, mas cada um na sua casa. Tenho medo de perder minha liberdade e minha individualidade. Não tive nenhum problema na infância com meus pais e muito menos tive algum problema em relacionamentos. Eu tenho aversão quando o negócio começa a ficar muito intenso (quando o outro começa a querer invadir meu espaço), eu corro, fujo, termino.... é tenso!
>
> ***Paduano***

Está claro que essas pessoas têm medo de se casar. Mas, se olharmos com atenção, veremos que são medos distintos. Como se existissem correntes das quais cada um precisasse se livrar, para poder viver um relacionamento sem tanto temor e, portanto, de uma forma mais livre. Vamos ver cada uma dessas correntes invisíveis? Se você não está aprisionado por uma das que descreverei a seguir, certamente conseguirá usar esses exemplos para perceber seus próprios grilhões.

1. Medo da solidão

Uma situação de abandono (mesmo que isso tenha acontecido ainda na infância, ou na fase adulta, depois de uma separação) pode desencadear a monofobia (o medo de ficar ou de se sentir sozinho). Ou também pode estar relacionado à falta de autoconfiança/autoestima, já que uma pessoa que não acredita em si mesma ou não se quer bem pode pensar que não é digna o suficiente de ter um amor ou que não é capaz de ter uma vida boa, estando sozinha ou acompanhada.

O extremo oposto também pode causar essa monofobia. Algumas pessoas têm medo de ficarem sozinhas porque sempre tiveram alguém ao lado para acompanhá-las em tudo o que faziam. E isso as fragiliza a ponto de ficarem paralisadas quando se encontram com a solidão.

No comentário de Xavier – "Tudo o que vier depois de uma separação, é tentar não ficar sozinha" –, percebemos que existe uma associação (que necessariamente não é real) entre solidão e o desamparo. Parece que ficar sozinha é algo que nem sequer pode ser cogitado. E, claro, isso vem estruturado na nossa sociedade. Pense aí em quantos contos de fadas, filmes, livros, séries e novelas você encontra narrativas cujo personagem principal é feliz e está sozinho. Não, definitivamente ficar sozinho culturalmente nunca parece ser um final feliz.

Acontece que essa relação entre solidão e desamparo só reforça uma ideia de que estar sozinho significa que há algo de errado (em você). Que não se dividir romântica e amorosamente é algo antinatural. O problema é que procurar um relacionamento apenas por medo da solidão pode abrir caminho para que você se torne mais vulnerável e, portanto, propenso a se contentar com muito menos do que merece, além de facilitar seu aprisionamento em relações ruins ou abusivas.

Quando conseguir ressignificar o que lhe foi ensinado sobre solidão, você romperá uma importante amarra mental, ganhará o direito de escolher estar ou não em um relacionamento e não correrá o risco de viver como Xavier, presa a uma desesperança desesperada.

2. Medo das possibilidades

O caso de Rodrigues é interessante. Ela é pedida em casamento, aceita, e a ideia parece empolgante. Sim, ela ficou muito feliz! Mas, logo depois da euforia, surgiu o medo das possibilidades. Foram tantos "e se...?" que ela recuou. O noivo ainda a esperou por mais um tempo, mas até a paciência dos apaixonados tem limite, e a relação terminou por se esfacelar.

Aquilo de que Rodrigues não se deu conta é que talvez ela estivesse presa pelo que chamamos de ansiedade de relacionamento. É um sentimento que pode acontecer a qualquer momento de uma vida romântica, mas principalmente em momentos-chave, como um pedido de casamento. Junto com a ansiedade de um relacionamento, veio também o medo de que, se casasse, a relação não duraria a vida toda.

E, antes que você diga que ela não amava o rapaz, saiba que talvez fosse exatamente o contrário. Algumas pessoas carregam dentro de si dois sentimentos que parecem opostos, mas que acabam se conectando. Funciona assim: A ama tanto B que, em função desse sentimento, deseja cuidar, estar sempre perto e viver um amor feliz. Por outro lado, B se torna uma pessoa afetivamente tão valiosa que A, por medo de perdê-la, vê-se aprisionado ou aprisionada pela ansiedade de relacionamento.

Parece estranho dizer que o problema acontece justamente quando estamos prestes a conseguir o que queremos com o outro: um relacionamento mais sólido ou um casamento. O problema é que muitos acreditam que para se ter essa intimidade o preço é a vulnerabilidade. E, na cabeça de alguns, vulnerabilidade rima com fragilidade, o que não é verdade. Afinal, a vulnerabilidade nos torna fortes, pois revela nossa humanidade, e isso, por identificação, nos liga ainda mais a quem amamos. Porque nada é mais sedutor que saber que o outro possui feridas e medos semelhantes aos nossos. Ninguém se apaixona ou se envolve com máquinas. Todos buscamos sentimento e sensibilidade em quem está ao nosso lado.

Reconheço que, assim como no medo da solidão, se houver problemas de autoestima ou autoaceitação, o juiz interior vai gritar: não se entregue, não mostre seu lado mais humano, pois tudo o que você disser poderá ser usado contra você – e será. E aí você vai começar a acreditar que suas qualidades nunca vão ser suficientes para que o outro mantenha o interesse em você, ou que o outro vai deixá-lo ou deixá-la tão logo apareça alguém melhor. Então, sem que você se dê conta, a porta da ansiedade de um relacionamento já estará escancarada, recebendo todos os fantasmas da insegurança, da paranoia e da desconfiança. E se o outro não aguentar você com seus fantasmas, o relacionamento pode acabar e você vai pensar: "Eu tinha razão, sabia que não ia dar certo mesmo!".

Para, bebê! Pare e tente olhar a situação de fora, tomando algum distanciamento, como se assistisse a um filme. Faça isso tentando entender o que está acontecendo dentro de você, o que permite a entrada desses pensamentos do "E se...". Pensamentos que travam seus afetos, impossibilitam que você mostre sua essência e que aprisionam você.

Ou seja, a chave para a liberdade de escolha está na possibilidade de ir se percebendo melhor, mantendo o foco nos seus sentimentos e necessidades, independentemente do que você imagina que o outro pensa. Entenda quanto sua voz interior pode estar sabotando você e que, quanto menos você der ouvidos a ela, mais vai perder o medo de se entregar numa relação.

A gente pode (e deve) sim, viver uma relação e aceitar os riscos que ela traz. O risco de tudo dar errado e você se machucar?

Existe, é fato. Mas também existe o "risco" de dar tudo muito certo e você viver momentos muito felizes. O que importa é você aprender a fazer sua parte. Ou seja, a dar o seu melhor e esperar para ver o que virá do lado de lá. E, se não der certo, enquanto houver vida para ser vivida sempre existirão possibilidades de novas experiências. Até porque o encaixe amoroso será sempre a exceção, a regra são os desencontros. E tudo bem.

3. Medo de reviver experiências traumáticas

Lacy passou 13 anos em um relacionamento que não acabou bem. Viveu uma relação abusiva e, mesmo depois que tudo terminou, o trauma permaneceu. O medo de se casar e reviver experiências iguais ou piores a manteve imobilizada no amor.

É compreensível que experiências ruins em relacionamentos anteriores possam impactar uma pessoa a ponto de ela não querer mais nenhum envolvimento emocional com alguém. Afinal, a forma como nos machucamos em relacionamentos anteriores, mesmo que a gente não perceba, influencia na maneira de perceber as pessoas com as quais nos relacionamos, e interfere também em como vamos nos comportar nas relações futuras. Sentimentos do tipo "mulheres são todas iguais" ou "nenhum homem presta" trazem uma generalização que vem de experiências ruins anteriores. E, no caso de Lacy, além dos traumas da relação abusiva, existe a decepção de não ter conseguido viver o amor da forma mais intensa e ideal como ela sempre desejou.

Quando vierem esses pensamentos que possam paralisar você em virtude de experiências ruins anteriores, perceba que você está tentando se proteger de novos machucados; no entanto, negar as novas chances para o amor, ou se recusar a dar amor pelo medo do que lhe aconteceu no passado, se por um lado o protege, por outro esvazia sua vida. É quase como se você estivesse seguro encastelado numa fortaleza cheia de solidão. Acaba sendo um sofrimento que nasce da tentativa de não sofrer.

Se você realmente quer um amor, saiba que nenhuma possibilidade amorosa virá com garantia, mas que após cada processo de dor pode vir um amor maior, que poderá ser mais bem vivido. Porque amor e liberdade, além de construção, são igualmente aprendizado.

Se você precisar de um tempo, permita-se esse tempo. Porém, não deixe que esse intervalo se transforme numa prisão perpétua. Talvez você demore um pouco para descobrir quando vai estar preparado para dar uma nova chance ao amor. E, sim, pode até ser que nunca se sinta completamente preparado. Mas não desista do amor. Você pode ter experimentado um relacionamento ruim. As pessoas ao seu redor podem dividir histórias de insucesso nas relações, mas isso não significa que o amor seja uma utopia. Por isso, recolha-se, mas coloque a cabeça para fora do casulo tão logo se sinta minimamente confortável.

4. Medo de enfrentar as cobranças da família e da sociedade

Você já nasceu com o *script* da sua vida rascunhado. Não por você, claro, mas pelos parentes e pelo meio social. Existe uma espécie de cronograma de vida para praticamente tudo: até que idade você deve deixar de mamar, com quantos anos você já deve estar alfabetizado, qual é o limite de idade para certas brincadeiras, até quando você pode estudar para ter uma profissão, com quantos anos você já pode começar a namorar, e por aí vai. No meio dessas expectativas, entram as cobranças da família e da sociedade, para que tudo aconteça dentro do que é "naturalmente" esperado. Com relação a isso, a pressão é maior em relação às mulheres do que aos homens, principalmente na faixa dos 20 aos 30 anos. Nas reuniões familiares, sempre tem aqueles comentários em tom sarcástico quando uma moça diz que, por enquanto, prefere focar na carreira profissional, ou que prefere aproveitar mais tempo da vida sozinha. Sim, as mulheres, por terem um tempo de vida reprodutivo limitado, são mais cobradas a casarem até certa idade, porque mulher de verdade só se realiza se for mãe. É óbvio que essa afirmativa não faz o menor sentido, mas, de forma consciente ou não, muita gente ainda acredita nisso e ainda tem quem recorra à "ciência" para dar suporte ao argumento.

Pois bem, essa pressão faz muitas mulheres internalizarem o medo de que, se não se casarem logo, perderão a chance de terem uma família. Transversalmente, essa ideia também atinge muitos homens, quer seja por desejarem ser pais ou simplesmente por terem sido ensinados que a masculinidade precisa se afirmar na reprodução. Resultado: a crença de que o casamento é um requisito indispensável para ser feliz acaba tomando conta do imaginário de meninos e meninas.

Embora seja bem difícil escapar dessa pressão, é preciso que você a perceba e conscientize-se de que ela o aprisiona e enviesa suas escolhas, chegando, muitas vezes, a fazer com que se case pelos motivos errados. Em vez de buscar uma pessoa que realmente se harmoniza com você e o enriquece como ser humano, o foco acaba sendo no esforço em casar-se para obter aprovação social. No caso de Oliveira, ela acabou cedendo a essa pressão, apressou as etapas e, no fim, terminou se casando com alguém com quem não deu certo. Nesse caso, é bom ir mesmo contra a maré: faça questão de se impor e conquiste espaço para explorar o que realmente desejar em determinada fase da vida. Talvez você queira mais tempo para se autoconhecer, antes de misturar seu futuro com o de outra pessoa. Ou talvez você, de fato, tenha o sonho do casamento desde criança. Tudo bem, desde que a escolha seja sempre sua, e não de qualquer outra pessoa.

5. Medo de perder a liberdade

Paduano certamente já deve ter ouvido algo que quase sempre é dito em tom de brincadeira: "Casei e perdi a minha liberdade". E essa ideia vai se enraizando nas pessoas que têm medo de, ao escolher o casamento, perder a possibilidade de fazer outras escolhas na vida. Será que essa ideia que tanto assusta Paduano e faz com que ele corra da possibilidade de casamento corresponde à realidade? Perdemos mesmo a liberdade ao nos casar?

Não, o casamento em si não rouba a liberdade. A questão é que, ao decidir viver com alguém, sua liberdade assume uma nova forma. Afinal, você deixa de tomar muitas decisões sozinho, pensando apenas em si mesmo, para levar em consideração outra pessoa, que começa a fazer parte de sua vida.

Mas raciocine comigo: não é só o casamento que interfere na forma da liberdade. Quando você estava vivendo com seus pais ou responsáveis, sua liberdade tinha outro formato e existiam limitações sobre as decisões que podia ou não tomar. Quando você está numa sala de aula, não pode fazer o que deseja, existem regras sociais de comportamento ali. E quando você se torna adulto e começa a trabalhar, deve fazê-lo de acordo com as normas e exigências que sua profissão impõe, em troca da liberdade de desfrutar de um salário para gastar como quiser. Até ao decidir criar um cachorro, sua liberdade tomará uma nova forma, porque existem responsabilidades que o impedem de fazer o que quiser.

Na verdade, o que preciso que você compreenda é que a liberdade de uma pessoa adulta é plástica, e muda de forma de acordo com as escolhas que essa pessoa faz. O problema surge quando o outro decide qual forma sua liberdade terá.

Como já foi dito aqui, em um casamento ideal deve existir espaço para você ser quem realmente é (e vice-versa), e isso só acontece quando ambos consideram e encorajam as necessidades um do outro, assim como as suas próprias, e encontram um equilíbrio. Por isso, será preciso desenvolver maturidade emocional e um bom tempo de convivência para que vocês saibam estar juntos e igualmente viver experiências separados, respeitando a individualidade de cada um.

RELACIONAMENTO PARA QUÊ?

Comecei este capítulo falando sobre as correntes das quais você precisa se livrar para poder escolher livremente. Quando entende o que NÃO deve influenciá-lo na hora de se decidir por um relacionamento, você está pronto para fazer suas escolhas, e pode responder à pergunta que lhe farei agora:

- **Por que você quer ter um relacionamento?**

Talvez você nunca tenha feito essa pergunta. Sabe por quê? Porque querer um relacionamento parece algo tão automático quanto respirar. É assim que as coisas funcionam na sociedade. Por isso, esse questionamento talvez nem sequer tenha passado pela sua cabeça. Mas, já que o estimulei a pensar nisso, vamos refletir juntos. Se seus motivos para querer um relacionamento pudessem ser armazenados como objetos concretos, eles seriam colocados em duas diferentes caixas.

1 - O que você vai ganhar

2 - O que você tem medo de perder

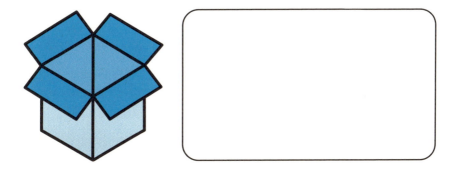

Pegue uma caneta e, mergulhando em uma autorreflexão, tente distribuir seus motivos nessas duas caixas. Só avance na leitura após ter cumprido essa tarefa, combinado? Mais adiante, você entenderá o porquê desse pedido.

Para ajudá-lo a começar o exercício, darei alguns exemplos:

- **CAIXA 1:** você pode querer um relacionamento porque vai ganhar uma boa companhia; porque quer ter alguém que o faça se sentir especial; para se sentir uma pessoa mais segura e protegida; porque quer ter a oportunidade de ter filhos com alguém. A lista certamente é bem maior, pode acreditar. Depende muito do que você considera importante. Estou apenas estimulando sua imaginação.
- **CAIXA 2:** medo de perder seus amigos, sua identidade, seus *hobbies*, sua independência; medo de perder tempo se for com a pessoa errada; medo de perder a felicidade... Aliás, você pode usar aqueles cinco medos de que falei no começo deste capítulo. Observe seus sentimentos e deixe a caneta lotar as caixas.

Preenchidas as caixas, deixe-me explicar por que propus esse exercício. É fato que todos têm medos e motivos para querer um relacionamento amoroso mais sério, tanto que não deve ter sido muito difícil escrever o que lhe pedi. Você provavelmente achou bem natural. Mas sabe o que não é natural? É você não ter sentido falta da terceira caixa! E sabe por que você não sentiu falta dela, e talvez ainda nem saiba do que eu estou falando? Porque, quando pensamos em amor, liberdade, relacionamento e expectativas, o fazemos sempre olhando para nosso próprio umbigo. Por isso, agora é hora de você preencher a caixa número três.

3 - O que você tem para dar neste relacionamento

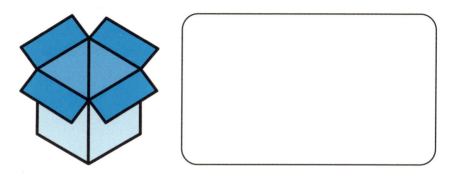

Talvez você nunca tenha parado para pensar sobre o que existe na sua alma e na sua vida para ser compartilhado em um relacionamento. Ou, dizendo de outra forma, o que alguém tem a ganhar se relacionando com você? Isso nunca parece ser questionado dentro do seu desejo de ter uma relação amorosa, não é mesmo? Mas é extremamente necessário se pensar nisso. Afinal, você vai levar uma bagagem afetiva que carrega desde a infância, quando teve a primeira noção do que é o amor, e também todas as suas experiências vividas anteriormente (boas e ruins), seus medos, seus anseios, tudo isso vem junto.

E você deve estar se perguntando: "O que é que as coisas que eu tenho a oferecer têm a ver com minha liberdade dentro dessa relação?". Acontece que, quando você tem claro tudo o que pode, quer, tem e suporta dar ao outro, isso impede que caia na armadilha de oferecer ou aceitar coisas que o violentam ou o aprisionam no relacionamento.

Quando você não sabe o que tem a oferecer ao outro, é comum que surja em você um forte medo de desagradar, de decepcionar, de o outro achar que você não é uma pessoa "suficiente" e, no fim das contas, medo de perder o amor do outro... e, por isso, você acaba querendo dar mais do que realmente pode, consegue ou deseja. Em outras palavras, ao não saber o que você tem para oferecer ao outro, você passa dos seus limites, atropela seus princípios, esmaga sua identidade, e isso gera o aprisionamento que você não merece viver dentro de um relacionamento.

A GAIOLA DE TRÊS PONTAS

As relações amorosas têm altos e baixos, momentos bons e ruins. Seria uma ingenuidade pensar que a gente nunca vai sofrer ou se desentender com a pessoa que a gente ama. Entretanto, essas dores e experiências de sofrimento deveriam levar ao amadurecimento dos dois na relação. Mas, em vez disso, muitas vezes as brigas se tornam crônicas e a relação vira uma guerra aprisionante.

Quando a coisa chega nesse pé, talvez você e o seu amor estejam presos no que a gente chama de triângulo dramático. Esse triângulo, que também é conhecido como triângulo de Karpman (por causa do psicólogo americano que o descreveu, lá pelos anos 1960), mostra que, quando as pessoas ficam presas em certos modelos de comportamento, as relações se tornam muito tóxicas e os envolvidos começam a viver três papéis diferentes: o da vítima, o do perseguidor e o do salvador.

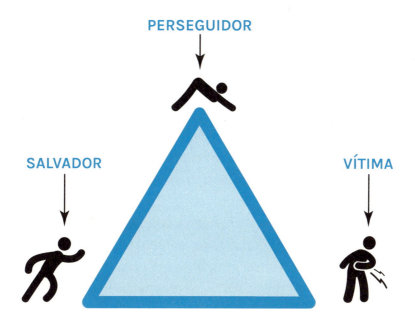

Se você conseguir identificar essa dinâmica de papéis ruins que se estabeleceu na relação, é bem possível que exista uma excelente chance de romper essa gaiola de três pontas e resgatar seu relacionamento. E é exatamente como identificar o triângulo dramático e sair dele que eu pretendo que você compreenda daqui para a frente.

Para começarmos, é preciso que você entenda que, embora cada pessoa acabe assumindo um papel dominante (de salvador, vítima ou perseguidor), ambos podem alternar papéis muito rapidamente. Também vale deixar claro que nenhum desses três papéis é melhor ou pior que o outro. Todos são tóxicos e destruidores, ou, no mínimo, viram sérios obstáculos para que se tenha uma relação madura, saudável e livre. Vamos entender o que é cada um deles para que você perceba se os está desempenhando, ou se já os desempenhou, em suas relações amorosas.

O PAPEL DA VÍTIMA

Para quem vive o papel da vítima, a vida é um verdadeiro sofrimento. Em geral, é uma pessoa ciumenta, que sente muito rancor, medo e vergonha. Ela também raramente assume a responsabilidade pelo que faz. Sabe aquele tipo de pessoa que diz: eu só fiz assim porque ele (ou ela) me provocou? É o tipo de pessoa que todo mundo acha coitadinha: "Ah, fulana, coitada, nunca teve sorte no amor"; ou: "Coitado de fulano, um homem tão bom, mas se casou com uma cobra". A vítima sempre se acha sem tempo ou sem forças para mudar a própria vida, e vive esperando que o pior aconteça. E é com esse jeito de ser que ela se protege e nunca assume o risco dos próprios atos e escolhas.

Vou dar um exemplo para você entender melhor. Sabe aquela pessoa que, na relação, faz tudo pelo outro, desmarca os próprios compromissos para resolver coisas do outro, que é megaprestativa, sempre se oferecendo para fazer o que nem os pais do outro fariam, ou até mesmo surpreendendo ao fazer frequentemente pelo outro as tarefas da casa que por uma combinação prévia seriam responsabilidade dele? Pois bem, o que no início vai parecer maravilhoso com o passar do tempo vai criar em você um sentimento de culpa. Ou, ainda pior, quem adota essa atitude na primeira discussão vai mostrar o papel de vítima, dizendo que faz tudo por você e que a recíproca não é verdadeira.

Em resumo, é uma pessoa que, passando a mensagem de que se sobrecarrega e se doa ao extremo por você, joga, no triângulo dramático, o papel de vítima. Só que ao mesmo tempo também joga o jogo psicológico do salvador (ou salvadora), querendo lhe passar a impressão de que é graças a ele ou a ela que sua vida funciona. E, já que falamos em salvador, é hora de entendermos a próxima ponta dessa gaiola.

O PAPEL DO SALVADOR

Via de regra, quem se coloca no papel do salvador se acha superior ou mais esperto que os outros. Por isso, sente sempre uma forte necessidade de ajudar as pessoas, mesmo quando elas não estão pedindo nem precisando. Normalmente são pessoas cujas atitudes acabam se confundindo com superproteção. O salvador gosta dessa "missão" de ajudar o parceiro ou a parceira, mas a realidade é que ele não salva ninguém porque tem um objetivo bem diferente de simplesmente ajudar: ele quer se autoafirmar.

Muitas vezes, o papel do salvador é adotado inconscientemente, e passa a falsa impressão que algumas pessoas têm de que só vão ser amadas se fizerem alguma coisa pelo outro, ou se forem úteis à pessoa amada. Dessa forma, acreditando ser indispensável na vida do outro, pessoas que desempenham esse papel sentem aumentar a própria autoestima. Mas ao mesmo tempo quem vive no papel do salvador infantiliza o outro, porque leva a pessoa a perceber-se pouco madura para encontrar suas próprias soluções, seus caminhos e suas decisões.

Até o dia em que o outro se cansa de ser tratado como criança pelo salvador e recusa a ajuda ou a superproteção. Aí é quando a casa cai! Porque aquele que está no papel de salvador se sentirá decepcionado e ferido, e assumirá o papel de vítima colocando a culpa no outro, com frases do tipo: "Eu faço tanto por você e você me trata assim"; ou assumirá o papel do perseguidor e começará a insultar o outro, com frases do tipo: "Você é um monstro, que não reconhece tudo o que faço e merece uma pessoa que não se importe com você". E, já que falamos no perseguidor, é hora de você entender como funciona quem joga esse papel.

O PAPEL DO PERSEGUIDOR

Quem está no papel do perseguidor habitualmente vive tenso, chateado, irritado ou impaciente. É aquele que cobra os menores detalhes e faz isso sempre de um jeito impiedoso, crítico e autoritário, muito além do necessário e quase sempre de forma desproporcional. Uma das grandes características do perseguidor é que ele toma a si mesmo como referência do que é certo e errado, do que é bom ou do que é mal, do que é responsabilidade ou irresponsabilidade, e por aí vai... Ou seja, se a pessoa não fizer do jeito dele (ou da forma que ele acha que é a correta), o perseguidor fica furioso e começa aquela briga. Nessa hora, ele vai tentar massacrar você de todas as formas, com frases do tipo: "Você vive querendo fazer confusão por tudo"; ou: "É por sua culpa que nossa relação tá tão ruim"; ou: "Você é doente, deveria se tratar"; ou: "Nem nossos filhos aguentam sua ladainha". Será que você já ouviu ou disse essas coisas alguma vez?

• • •

Como eu falei, esses papéis não são fixos. Numa relação, o casal fica alternando-os. Ora um é vítima e o outro responde como perseguidor, ora o perseguidor assume o papel de vítima e a vítima, o de salvador, e é nesse jogo psicológico que a relação de vocês vai se perdendo e acabando na gaiola de três pontas.

Cada um desses três papéis vem da criança adormecida em cada um de nós e que pode acordar a qualquer momento. Por exemplo, a criança que tem medo de não ter quem cuide dela e de que algo de ruim possa acontecer (dá suporte ao papel de vítima), a criança que tem medo de não ser amada e que tenta agradar aos pais a todo custo (dá suporte ao papel de salvador) e a criança que tem medo de perder seu lugar e que tenta conseguir seu espaço por meio da raiva e da força (dá suporte ao papel de perseguidor). Óbvio que esses exemplos não esgotam a complexidade dos papéis que mencionei. Existem muitas outras situações e feridas infantis que a gente carrega na alma que são a base desses papéis e fazem com que eles apareçam nas nossas relações amorosas.

Que tal fazermos um rápido exercício para que você perceba por qual papel – ou por quais papéis – você mais tem transitado na sua relação? Vamos juntos.

TESTE:
QUAL É SEU PAPEL NESSE TRIÂNGULO?

Leia as declarações abaixo, que estão dentro das caixas, e dê a pontuação de acordo com:

a. Eu não me identifico com a afirmação: *0 ponto*
b. Eu me identifico um pouco com a afirmação: *1 ponto*
c. Eu me identifico muito com a afirmação: *2 pontos*

CAIXA 1

Eu me considero uma pessoa sem paciência.	
Minhas decisões geralmente são as melhores.	
Odeio quando não tomo as decisões no relacionamento.	
TOTAL	

CAIXA 2

Adoro uma boa discussão – principalmente quando ganho.	
Sou uma pessoa exigente e crítica com o outro.	
Eu me doo bastante, mas espero a mesma coisa do outro.	
TOTAL	

CAIXA 3

Eu tenho dificuldades para tomar decisões no relacionamento.	
Na maioria dos meus relacionamentos, me senti sufocado(a).	
Sempre prefiro que o outro tome as decisões na relação.	
TOTAL	

CAIXA 4

Tenho a sensação de que meu parceiro(a) sempre tem ideias melhores que as minhas.

Muitas vezes, me sinto desvalorizado(a) nas relações.

Faço de tudo para evitar confrontos ou discussões.

TOTAL

CAIXA 5

Estou sempre disposto(a) a ajudar o outro em tudo, mesmo quando me sinto cansado(a).

Quando perguntam algo sobre nosso relacionamento, tomo a frente para falar por nós dois.

Eu me sinto responsável pelo bem-estar do outro.

TOTAL

CAIXA 6

Sempre estou me envolvendo nos problemas do outro, mesmo que eu não faça parte deles.

Quando o outro está sofrendo, eu me sinto culpado(a) se eu não tiver como resolver.

Eu me sinto recompensado quando vejo o outro feliz.

TOTAL

> ### RESULTADO
>
> a. Se você pontuou mais nas caixas **1** e **2**, você tende a ser mais **PERSEGUIDOR**.
> b. Se você pontuou mais nas caixas **3** e **4**, você tende a ser mais **VÍTIMA**.
> c. Se você pontuou mais nas caixas **4** e **5**, você tende a ser mais **SALVADOR**.
>
> As caixas em que você pontuou menos significam que esse papel raramente faz parte do seu desempenho. Já as caixas com pontuação mediana provavelmente revelam seu papel secundário.

E agora você deve estar dizendo: "Beleza, mas como escapo desse triângulo dramático e fujo de cair na gaiola de três pontas?". Quebrar essa dinâmica é bem simples. É preciso que você se exercite e se force a prestar atenção na dinâmica do seu relacionamento, substituindo conscientemente os papéis: salvador, vítima e perseguidor, pelo triângulo dos três Ps. O primeiro P é de permissão, o segundo P é de proteção e o terceiro P é de poder. Ficou confuso? Deixe-me explicar melhor.

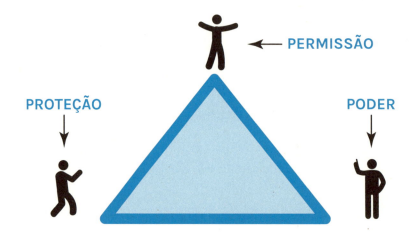

Permissão

Significa deixar que os dois possam crescer, evoluir e fazer coisas que são boas para o casal. Para ter essa capacidade de permitir (que é o contrário de oprimir), você deve desenvolver sua capacidade de se adaptar às mudanças da relação e da vida, e passar a ver com olhos mais adultos as dificuldades que vão aparecendo na relação. Isso com certeza vai abrir novas perspectivas para vocês.

Proteção

Significa buscar ser sempre claro na hora de se comunicar, e ter comportamentos que passem segurança para o outro. O casal encontra a proteção desenvolvendo a solidariedade mútua e o respeito aos limites do outro, e tomando cuidado para não caírem na tentação de esperar que o outro faça mais do que pode, sabe ou aguenta. Isso certamente vai contribuir para que a relação se torne positiva para os dois.

Poder

Significa recuperar a confiança em você mesmo e na sua capacidade de dar conta das situações. E, é claro, entender que, do jeito dele ou dela, seu parceiro (ou parceira), também tem o mesmo poder e a mesma capacidade que você. Experimente fazer isso observando as experiências positivas que cada um de vocês já viveu, listando mentalmente os momentos de sucesso e de vitórias que já aconteceram na vida de cada um individualmente. Isso vai ajudá-los a compreender que os dois têm muito poder interior.

Como você já entendeu, o objetivo desse novo triângulo é permitir que vocês abandonem os antigos papéis de vítima, salvador e perseguidor, utilizando esses três Ps. Vou dar três exemplos de como isso funciona na prática para você entender melhor.

Vamos começar com um exemplo utilizando o **papel da vítima**:

A VÍTIMA DIZ:
"Não consigo mais aguentar isso que meu irmão vem fazendo comigo".
RESPOSTA UTILIZANDO O PODER:
"Pense um pouquinho: da última vez que você passou por uma situação parecida, como fez para resolver?".
RESPOSTA UTILIZANDO A PROTEÇÃO:
"Se você me explicar de que precisa, posso tentar ver se consigo ajudá-lo".

Agora um exemplo utilizando o **papel do perseguidor**:

O PERSEGUIDOR DIZ:
"Eu lhe pedi um conselho, mas, como sempre, você não dá a mínima para o que eu digo e nunca me ajuda".
RESPOSTA UTILIZANDO A PERMISSÃO:
"Não foi um conselho, você me pediu que eu decidisse por você uma coisa que tenho certeza de que você é capaz de resolver de forma muito mais eficiente que eu".
RESPOSTA UTILIZANDO A PROTEÇÃO:
"Eu me importo muito com você, e vou ajudá-lo sempre que puder, mas dessa vez realmente não tenho uma resposta para o que você me perguntou".

Agora um exemplo utilizando o **papel do salvador**:

O SALVADOR DIZ:
"Não estou fazendo isso por mim, estou fazendo por você, porque sempre resolvo suas coisas melhor que você".

RESPOSTA UTILIZANDO O PODER:
"Eu lhe agradeço de verdade a ajuda, mas tenho certeza de que vou saber resolver. Pode deixar comigo dessa vez".

RESPOSTA UTILIZANDO A PERMISSÃO:
"Acho que você tem razão. Mas dessa vez prefiro resolver sozinho. Isso vai me ajudar a aprender".

RESPOSTA UTILIZANDO A PROTEÇÃO:
"Se eu não conseguir resolver, nem se preocupe que lhe pedirei ajuda. Obrigado por se preocupar comigo".

Acredito que com esses exemplos você compreendeu a lógica de como escapar do triângulo dramático e melhorar seu relacionamento. É interessante que essa desconstrução dos papéis relacionais que vocês vêm representando seja feita em conjunto, um convidando o outro a se compreender melhor. Mas é para fazerem sem julgamentos e com paciência com sua criança interior e com a criança interior do outro. Porque tanto você quanto o outro são, sem perceber, muitas vezes infantis. O humor nessa desconstrução dos papéis que vocês representam na relação também é algo que vai ajudar muito. Para auxiliar nesse processo, vou deixar um exercício que você pode fazer com seu parceiro ou parceira.

EXERCÍCIO
DOS CHAPÉUS

Usando cartolina, ou mesmo uma folha de papel, crie três chapéus, cada um com um dos nomes: **salvador**, **vítima** ou **perseguidor**.

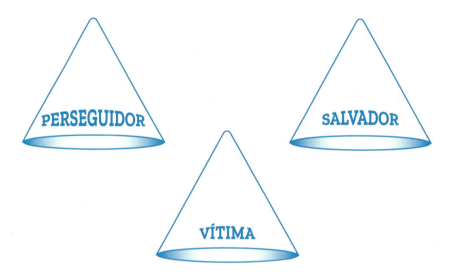

A ideia é que você coloque na sua cabeça, e na cabeça do outro, o chapéu correspondente quando perceber que estão representando um desses três papéis. Se vocês decidiram juntos sair desse triângulo, é porque os dois querem um relacionamento mais saudável e livre. Portanto, lembre-se dessa intenção conjunta e não se aborreça ou se magoe quando o outro colocar um dos três chapéus na sua cabeça. Ao identificarem que papéis estão jogando, sejam criativos na maneira de utilizar o poder, a permissão e a proteção para transformá-los.

Sei que todo esse exercício que lhe propus não é fácil. Mas aposto que vai ser muito mais difícil se vocês deixarem de se amar ou se aprisionarem um ao outro. Então, saiam desse triângulo dramático. Esse é um movimento importante para aqueles que pretendem amar e ser livres.

Depois de ter se perguntado sobre sua liberdade para escolher, de refletir sobre diferentes tipos de medo, de questionar-se a respeito dos seus motivos para querer viver um relacionamento e de ter aprendido que existe um caminho para não se viver em uma gaiola de três pontas, cabe ainda perceber que, além de amor e liberdade serem possíveis de coexistir, são igualmente entendimentos que mudam de casal para casal, de pessoa para pessoa. Por isso, é preciso sempre dialogar com quem está ao seu lado para que, juntos, vocês compreendam os limites da liberdade necessária a cada um.

Portanto, é hora de virar a página e de falarmos sobre a importância da percepção que cada um tem da realidade. Porque o mundo, como você descobrirá a seguir, é sempre pela metade.

conclusão
A ALMA DA LIBERDADE NASCE NA DIFERENÇA

EM MEU CONSULTÓRIO, HÁ UMA ANTIGA CRISTALEIRA em estilo manuelino (também conhecido como gótico português), confeccionada em madeira nobre e com colunas cheias de detalhes do tipo barroco salomônico esculpidas na parte frontal. Mesmo que você nunca tenha ouvido falar no que é o estilo manuelino ou barroco salomônico, é bem possível que tenha imaginado um móvel diferente, estiloso, com madeira escurecida, envernizada e com características antigas e bem trabalhadas. Bem, o fato é que quando a vi em um antiquário foi amor à primeira vista. Foi um sentimento tão bom ao me encontrar diante daquela peça que fiz questão de deixá-la no consultório, apesar dos protestos da minha família (que também gostou do móvel e o queria na sala de casa). Dessa forma, pensava eu, seria possível dividir com meus pacientes essas boas sensações que tinham sido provocadas em mim pela peça.

Se compartilho com você, leitor, esse fragmento da minha intimidade, é para lhe contar que, para minha surpresa, tirando aqueles que nem percebem que o móvel existe, cada novo paciente que chega ao meu consultório o enxerga de forma diferente.

"Nossa, que móvel lindo, faz pensar na casa da minha avó e no cheiro dos biscoitos que ela assava para mim. Quando ela morreu, senti um profundo abandono." "Esse móvel parece coisa de igreja. Olho e penso em um padre velho e mal-educado que vivia enxotando quem mendigava na porta da igreja da cidade onde nasci. Eu, criança, ficava assustada vendo aquela injustiça." "Adoro esse móvel, ele torna essa sala mais aconchegante. Lembra o abraço de minha mãe, a única pessoa que me amou e nunca me traiu." "Muito difícil falar da minha vida com esse móvel me 'olhando'. Parece os olhos do diretor da minha escola. Homem terrível que humilhava os alunos como se a gente fosse cachorro. Espero que já tenha morrido."

Essas são falas de alguns pacientes a respeito do móvel que de primeira me encantou. Compreendem agora por que no capítulo anterior eu lhes disse que o mundo é sempre pela metade? Porque a outra metade da realidade somos sempre nós que construímos.

Ou seja, o móvel é sempre o mesmo, feito de madeira e com formas e cores que não mudam. Mas só metade dele está no mundo material. A outra metade é uma representação, composta da história de vida de quem observa.

Com o amor e a liberdade, não é diferente. Como cantava Marília Mendonça, nos apaixonamos pelo que inventamos do outro. Já o filósofo francês Jean-Jacques Rousseau nos alertava de que nascemos livres, mas os valores que a sociedade projeta e introjeta em nós criam prisões, pois nos condicionam a ver as situações, nossos afetos e as pessoas pelas quais nos apaixonamos desta ou daquela forma.

Assim, o que preciso que você entenda é que a liberdade , de modo geral, e o amor, de forma mais específica, sempre precisará resultar de uma mudança interna em nós, porque nem a família nem o mundo voltarão atrás nas regras e condicionamentos que nos transmitiram. E qual é a maior e mais aprisionante de todas as regras? Você não pode ser, pensar ou sentir de forma diferente da maioria. Porque, se tentarmos esse movimento de liberdade, sempre escutaremos amigos, família e sociedade gritando: "Não pode, é errado, é perigoso".

E não estou com isso dizendo que seguir regras sociais está errado. Muito pelo contrário. Desde que você seja livre o suficiente para conhecer sua verdade, ainda que não a comunique. Ou seja, é preciso ser capaz de suportar seu jeito de ser e conviver com o abismo de diferenças que existe entre a sua realidade e a das pessoas que o rodeiam. É aí, na pacificação das diferenças, que nasce a alma da nossa liberdade.

Ok, você certamente já escutou muito esse papo sobre se autorrespeitar e aprender a conviver com as diferenças. E, se esse é um assunto tão conhecido, deveria ser fácil pô-lo em prática, não é mesmo? É, deveria. Mas a verdade é que a simples informação não transforma o comportamento humano, e viver e suportar as diferenças na prática acaba se mostrando uma tarefa bem mais complicada no dia a dia. Isso porque, além dessa força da sociedade que insiste para que você se molde às regras impostas, e que faz com que a gente desenvolva crenças limitantes (explicadas e aprofundadas no capítulo 1 do meu livro *Amar-se, uma viagem em busca de si mesmo*), todos nós vivemos com feridas emocionais que nos impedem de sermos quem realmente somos, e elas influenciam fortemente a nossa maneira de perceber a realidade do mundo e das relações afetivas que estabelecemos com os outros. É claro que essas feridas da alma são apenas um recorte do universo das emoções humanas e estão longe de resumir o oceano de fatores que mexem com nossa cabeça, e que acabam mudando nossa forma de interpretar o mundo. E eu adoraria que, desta nossa conversa, caro leitor, você conseguisse entender esse recorte, para enfim poder ter a certeza de saber amar e ser livre.

FERIDAS QUE APRISIONAM

Imagine uma criança que fez uma travessura. Ela subiu em uma árvore para brincar, e acabou se esborrachando no chão, causando uma enorme ferida na testa. Depois de levar muitos pontos em um hospital, o tempo passa, ela volta à vida normal, mas a cicatriz permanece lá. Para que as outras pessoas não vejam a cicatriz que lhe traz vergonha, e para que também ela não possa vê-la quando estiver diante de um espelho, ela passa a usar bonés durante quase todo o tempo.

Sem medo de errar, posso lhe garantir que algo parecido pode ter acontecido com você – mesmo que você jamais tenha tido a oportunidade de subir em uma árvore. E que, sim, você tem várias feridas internas que marcaram sua alma e sua existência.

A ideia das "feridas da alma" ou "feridas existenciais" foi definida por um psiquiatra americano, John Pierrakos, mas ficou mais popular depois que a terapeuta canadense Lise Bourbeau as apresentou em seu *best-seller As cinco feridas emocionais,* que faz uma ligação entre esses "machucados internos" e a forma como convivemos com eles.

Trazemos essas feridas de coisas que aconteceram durante nossa infância. Elas ficam gravadas em nosso inconsciente e há casos em que são transmitidas por nossos pais ou por aqueles que nos criaram, porque eles mesmos passaram por situações na infância que lhes causaram essas feridas.

É importante que eu fale sobre isso com você, porque nossos problemas emocionais, mentais e às vezes até mesmo físicos surgem de basicamente cinco tipos de ferida que carregamos na nossa alma:

Sabemos muito bem como são essas emoções. Aposto que, ao ler cada uma delas, você tem a sensação de já tê-las experienciado antes. Acontece que, como a gente não nasce sabendo lidar com elas, da mesma forma que a criança do exemplo que dei usava um boné para esconder a cicatriz da testa, temos a tendência de desenvolver o que os terapeutas chamam de "máscaras", que servem tanto para escondê-las, impedindo que outros possam se aproximar das suas feridas e voltem a magoá-lo, quanto para ocultá-las de você mesmo, com a ilusão inconsciente de que essas feridas vão cicatrizar e desaparecer com o tempo. O problema é que mascarar as feridas da alma não as faz cicatrizar. Pelo contrário: elas vão se tornando mais profundas e o medo de sentir dor novamente o paralisa.

Todos carregamos pelo menos três dessas feridas, sendo uma geralmente a dominante. Identificar quais delas você carrega (ou se dar conta de quais são as máscaras que anda usando para escondê-las) e perceber quanto elas influenciam seu comportamento ou o fazem sofrer é algo que vamos usar no fechamento deste livro como um processo de libertação, pois esses "machucados da alma" influenciam muito fortemente nossas relações afetivas com os outros, e nosso modo de pensar e sentir. Ou seja, compreender essas feridas pode lhe dar pistas de como você aprisiona, ou se deixa aprisionar, no amor. Além disso, elas têm forte impacto na sua forma de ler a realidade e completar o mundo ao seu redor, que, como já explicamos, é sempre pela metade.

Se você é observador, deve ter notado que, quando me referi ao que alguns pacientes falavam a respeito do móvel antigo do meu consultório, escolhi de propósito relatos que faziam menção a algumas dessas feridas. Ou seja, uma dessas cinco feridas orientava, em boa medida, a forma como o móvel era percebido. É hora, então, de compreendermos esses machucados da alma – e as máscaras que acabam surgindo como forma de se proteger deles.

Rejeição

Muitas vezes, é a primeira ferida a se manifestar na vida, quando você começa a sentir a rejeição dos próprios pais. É o que ocorre, por exemplo, no caso de uma gravidez indesejada ou do simples nascimento de um irmãozinho. Quem tem essa ferida cria a máscara do fugitivo. É por meio do escapismo que a pessoa ferida consegue lidar com uma possível rejeição de outras pessoas, como forma de se antecipar. Se ela se sentir insegura, e imaginar que alguém vai rejeitá-la, ela foge, rejeitando a outra pessoa antes de ser rejeitada. Ou tenta aprisioná-la com diferentes comportamentos de perseguição, por medo de ser deixada. Esse sentimento faz com que a autoestima viva em baixa e a pessoa se sinta mais isolada e incompreendida. Pessoas que têm essa ferida como dominante possuem bem poucos amigos, porque experimentam dificuldades para confiar.

Abandono

Essa ferida aparece quando há uma falta, seja de alimento (quando a criança sente fome por um período maior e a comida não é oferecida de imediato) ou de atenção (com pais ou responsáveis extremamente ocupados com outras tarefas). Essa ferida do abandono faz com que a pessoa adquira a máscara do dependente. A carência por atenção traz a ideia de que, se a pessoa demonstrar que precisa do outro, ela passará a sentir que não será abandonada. Mas, sem perceber, pode tornar-se presa fácil do aprisionamento amoroso. Pessoas com comportamento mais "grudento" costumam ficar doentes com frequência ou se colocam em situações em que sempre vão precisar do apoio de alguém. É a forma que encontram de garantir que não estarão sozinhas e, com isso, vem a ideia de que não vão mais se sentir abandonadas como foram no passado.

Humilhação

Se depois de experimentar alguma sensação que a pessoa tenha achado positiva, ela sofre alguma repressão que cause vergonha, abre-se a ferida da humilhação. Para lidar com essa marca, ela cria a máscara do masoquista. A partir daí, vive negligenciando as próprias necessidades. Busca sentir-se bem se rebaixando, se depreciando pela vergonha, para não dar espaço para que outras pessoas a humilhem, já que ela se antecipa fazendo isso. Também se relaciona com os outros tentando fazer de tudo para se sentir digna aos olhos dessas pessoas. Tem dificuldade de dizer não, e por isso assume muitos compromissos com os outros, criando várias restrições e obrigações. Em consequência, tudo o que ela faz para se libertar em uma área acaba aprisionando-a em outra.

Traição

Quando a criança sofre com alguma sensação de que foi traída ou enganada pela primeira vez, o desapontamento é tão grande que se abre essa ferida na alma. Ela pode sentir que foi manipulada ou enganada, e perde a confiança nas pessoas próximas. Para se defender, usa a máscara do controlador. Ao agir de forma controladora em qualquer situação, na tentativa de querer manter tudo sob seu domínio, ela tem a sensação de que pode garantir que nada nem ninguém possa traí-la. Por isso, faz de tudo para se mostrar sempre muito segura de si. Ao mesmo tempo, se frustra com frequência quando as pessoas não conseguem atender a suas expectativas.

Injustiça

Ocorre quando a criança não tem sua individualidade respeitada e se sente desvalorizada ou não acredita que está recebendo o que merece. Sofre muitas críticas ou é rodeada de pessoas intolerantes, que dão pouco espaço para que ela se expresse. Para essa ferida, surge a máscara da rigidez. São perfeccionistas, impacientes, exigentes (consigo mesmo e com as outras pessoas). Na tentativa de colocar limites nos outros, evitando possibilidades de deslizes ou flexibilidade, acreditam que essa é uma forma de garantir que não haverá injustiças (ou que elas mesmas não vão sofrer mais nenhuma injustiça).

COMO ESSAS FERIDAS NOS PARALISAM E NOS APRISIONAM?

1. Quando crianças, trazemos a inocência. E, com a descoberta do mundo ao qual imaginamos pertencer, nos abrimos para a possibilidade de sermos nós mesmos, o que nos traz muita alegria.

2. Até que alguma situação nos faz experimentar a dor que nos impede de agirmos apenas como queremos.

3. Vem a revolta e uma crise existencial, que aparece exatamente pelo sofrimento de não podermos ser quem realmente gostaríamos.

4. Acabamos por aceitar a situação que nos causou a ferida emocional, e passamos a adaptar nossa personalidade de acordo com o que os outros esperam de nós, para que assim sejamos aceitos e amados.

E é dessa forma que crescemos com nosso ego sendo lapidado com a sensação de que nunca poderemos ser quem realmente somos, nem deixar o outro ser quem realmente é. Temos, então, pessoas que passam a amar aprisionando ou se deixando aprisionar no amor.

É certo que se essas feridas emocionais em muitos momentos provocam dor, mas, por outro lado, elas também são a fôrma que nos modela. Ou seja, elas não precisam ser negadas ou destruídas dentro de nós, mas sim administradas e integradas como parte de quem somos, para que não consumam nossa liberdade de sermos nós mesmos.

Por isso, se você busca amar e ser livre, identifique as feridas emocionais que o guiam, ou ao menos tente perceber as máscaras que usa com mais frequência. Isso feito, comece a separar os sentimentos do passado das emoções que vive no presente. Afinal, o passado deve ser sempre referência no seu caminhar, e não mais uma gaiola que lhe poda as asas.

Para tanto, busque ser um adulto carinhoso e paciente, e treine-se para proteger e incentivar a criança ferida que habita em você. Você conseguirá isso alertando sua criança interior cada vez que ela sofrer com as feridas que carrega na alma, mostrando-lhe que tudo o que ela experimenta são apenas memórias de um passado. E que, embora os fatos que criaram marcas tenham realmente acontecido, a guerra já acabou e ela (seu eu criança) e você (seu eu adulto) sobreviveram. Tomar essa consciência e repeti-la como um mantra é algo libertador, que o ajudará a não mais ser prisioneiro ou aprisionador de quem você ama.

• • •

Quero terminar nossa conversa com a certeza de que você vai levar para sua vida o quão importante é descobrir e aprender com suas feridas emocionais. E, para isso, vamos imaginar juntos: qual é o primeiro animal em que você pensa quando o assunto é liberdade? É bem provável que você pense em um pássaro. Uma águia, talvez? Sim, ela é o exemplo perfeito para que você entenda essa reflexão final.

Você já deve ter visto ou lido sobre como as águias aprendem a voar. Desde pequenas, elas aprendem que precisam voar observando seus pais. Quando o filhote da águia se recusa a tentar voar, a mãe remove toda a penugem do ninho e deixa apenas os gravetos pontiagudos, para fazer com que ele se sinta incomodado e crie o desejo de sair dali. Mas como os ninhos são criados em lugares extremamente altos a pequena águia não tem opção: ou se machuca com os espinhos do ninho, ou se machuca a cada tentativa de voar.

Ou seja, cada vez que você vir a imagem de uma águia voando, plena, com as asas abertas, planando e tendo a imensidão do céu para seguir na direção que desejar, lembre-se de que por trás desse ato ela carrega dentro de si as experiências das feridas das primeiras tentativas. E essa ave, símbolo de coragem, força e liberdade, cresce passando uma boa parte do tempo sozinha, até que chega a época do acasalamento e ela volta a se reunir em bandos.

Dessa história podemos tirar duas lições importantes. A primeira é aprender que nossas feridas construíram nosso ego, nosso caráter, nossa percepção de mundo. E, a partir disso, entender que ter medo do voo da liberdade é escolher ficar preso em um ninho espinhento. A segunda é que a águia, depois de ter encontrado seu par, acasalar e procriar, voará para sempre ao lado dele. Mas ambos o fazem sabendo que o voo de um não atrapalha o voo do outro nem depende dele para acontecer. Ainda assim, escolhem voar na mesma direção.

Se você chegou até aqui, espero que tenha compreendido que nada se iguala à liberdade e que a escravidão é o maior mal que pode atingir um ser humano. Por isso, é hora de partir rumo à nova jornada do "amar, amar-se e... voar". Afinal, se você amar negando ou desconhecendo o sentido de libertar e ser livre, estará vivendo qualquer coisa, menos um amor. Pense nisso!

Agora nós temos um encontro reservado

Escaneie o código QR com a câmera do seu celular.
Sua sessão especial já vai começar.
Vamos juntos!

Créditos de Ilustrações

Capa, contracapa, pgs. 1, 3, 6, 7, 18, 19, 56, 57, 94, 95, 130, 131, 162, 163, 192, 193	Designed by Freepik; designed by katemangostar; designed by vextok / Freepik.com
Pg. 22	Designed by roserodionova / Freepik.com; designed by DailyYouth / Iconfinder.com
Pgs. 23, 67, 141	Designed by sentavio / Freepik.com
Pgs. 27, 32, 35	Designed by rawpixel.com / Freepik.com; designed by LAB Design Studio / Iconfinder.com
Pg. 39	Designed by Rudez Studio / Iconfinder.com
Pg. 71	Designed by Maxicons / Iconfinder.com
Pgs. 75, 78	Designed by Rudez Studio / Iconfinder.com
Pg. 79	Designed by www.wishforge.games / Iconfinder.com
Pg. 81	Designed by Chanut is Industries / Iconfinder.com
Pg. 86	Designed by Starup Graphic Design / Iconfinder.com
Pg. 99	Designed by Anatolii Babii / Iconfinder.com
Pg. 102	Designed by Webalys / Iconfinder.com
Pg. 120	Designed by Font Awesome / Iconfinder.com
Pgs. 121, 183, 190	Designed by Anatoly / Flaticon.com
Pgs. 126, 143, 151, 153	Designed by Freepik / Flaticon.com
Pg. 139	Designed by fps 2014; designed by Freepik / Freepik.com
Pg. 146	Designed by Vandelay Design; designed by Zeroicon / Iconfinder.com
Pg. 157	Designed by Royyan Wijaya / Iconfinder.com; designed by DailyYouth / Iconfinder.com
Pg. 174	Designed by Bootstrap Icons / Iconfinder.com
Pg. 179, 180, 181, 182, 186	Designed by Freepik / Flaticon.com
Pg. 197	Designed by CSS GG; designed by DailyYouth / Iconfinder.com
Pg. 198	Designed by christinass / Vecteezy.com
Pg. 205	Designed by Freepik / Freepik.com

SUA OPINIÃO É MUITO IMPORTANTE

Mande um e-mail para **opiniao@vreditoras.com.br** com o título deste livro no campo "Assunto".

1ª edição, out. 2022

FONTE   Crimson Pro Light 12,5/16,3pt;
          Josefin Sans Bold 15/16,3pt
PAPEL   Ivory Cold 75g/m²
IMPRESSÃO   Geográfica
LOTE   GEO240822